CHEROKEE RATION BOOKS

1836 – 1837 – 1838

New Echota

James Douthat

Heritage Books
2025

HERITAGE BOOKS
AN IMPRINT OF HERITAGE BOOKS, INC.

Books, CDs, and more—Worldwide

For our listing of thousands of titles see our website
at
www.HeritageBooks.com

A Facsimile Reprint
Published 2025 by
HERITAGE BOOKS, INC.
Publishing Division
5810 Ruatan Street
Berwyn Heights, MD 20740

Previously published:
Mountain Press
Signal Mountain, Tennessee
1999

International Standard Book Number
Paperbound: 978-0-7884-7640-2

INTRODUCTION

The enclosed ration books are found in private hands and not in the usual collections of the National Archives or various state archives. It is for this reason that we decided to present the records in their original forms instead of transcribing them. There are too many subtle differences that can be found in the original.

We suggest that you study each of the various entries for each individual when researching due to the fact that the records gave a little different information in each set of records. The index includes 4752 names many of which are repeated more than once. The person in charge of keeping these records was Elbert S. Lenoir, a long time Tennessee resident. His family had lived on the frontier next to the Cherokee Nation for a number of years and he knew many of these Indians personally. He was trained from an early age to keep records as his father ran a number of industrial businesses.

These records were taken over a three year time period and some of them were recorded at New Echota in north Georgia and some of them were taken at Camp Clanewaugh which was somewhere in the area of Ross' Landing which later became Chattanooga, Tennessee. It is worth noting that another record book kept by Lenoir was the Creek Record Book and this also originated at Camp Clanewaugh for the same time period. None of the local historians have ever heard of this camp site. We surmise that this was one of the very temporary camps set us for the removal purposes in this time period.

James L. Douthat
Mountain Press

Indian Rations

Indian Rations

Jack 6 - 4

Qualauchee 4 - 2½

Louisville

Louisville

Louisville Ky

Lexington Ky

Frost

Lewis

Agnew

J. Agnew

John E. Webb

54 Cents

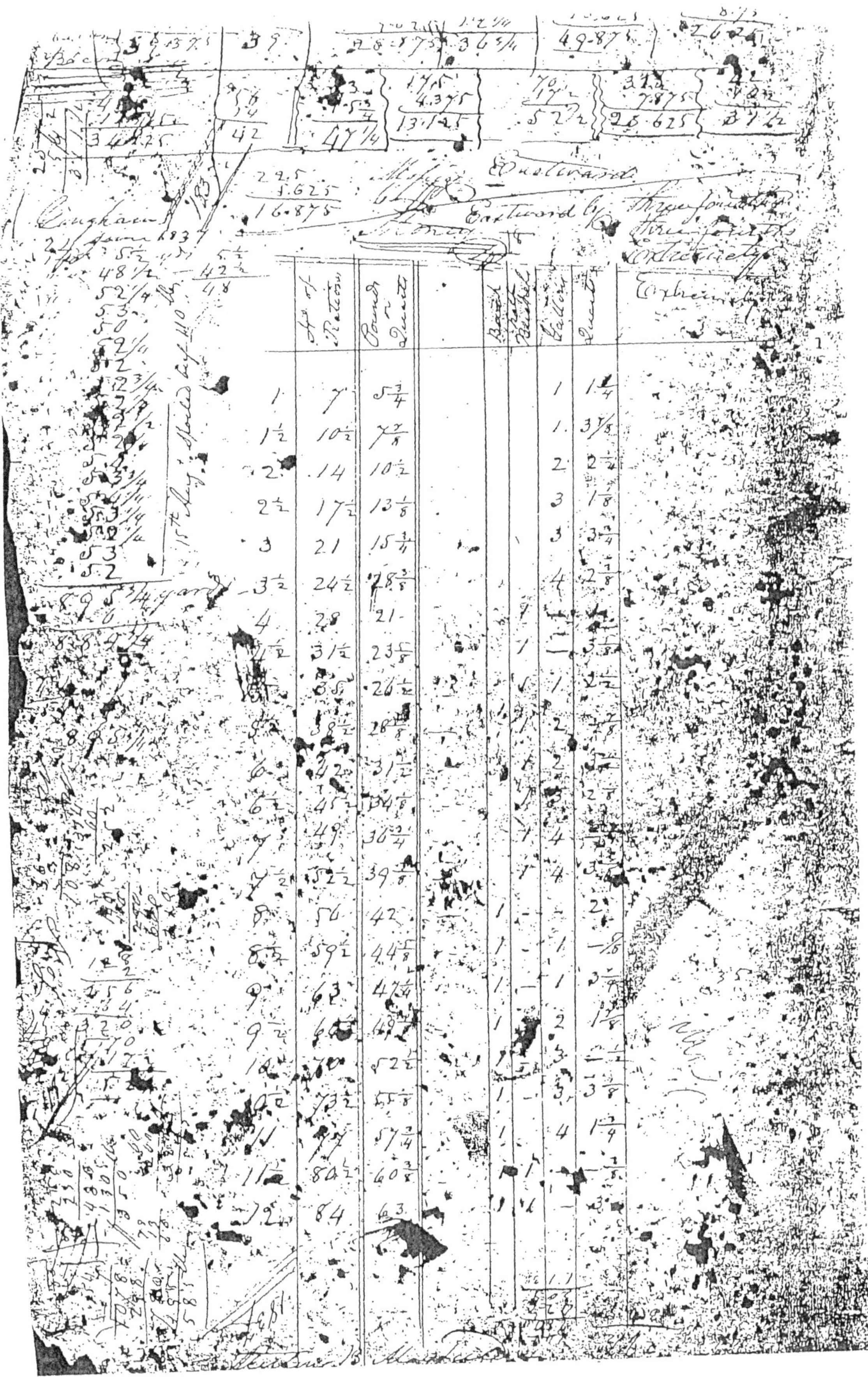

July 11th Wm Hale 14½ lb beef
" 14 Do 26
" 18 Do 18½
" 21 Do 5½
25 " 21½
86 x 5 430

Aug. 11 Wm Hale 11¼ lb 5) 56¼ pd
" 15 Buckhannan 17½ lb 5¢ 87½ pd
" 15 Cash (Suttrece) 7 lb 35 pd
18 " (Chester) 22 1.10 pd
" 22 Buckhannan 13 .65 pd
" 22 Wm Hale 4¾ 5 23¾ pd
" 25 Mrs Buck 12 lb 5¢ 60 pd
" " Chester 20 lb 5 1.00
Cash 7 5 .37½ pd
Do 10 5 50 pd
1837

Date 1837	Names	lbs	at	$	cts
Aug. 29	Robt Kirkham	59	5	2	95 pd
	Wm Hale	11½	5	-	57½ pd
X "	A.B. Barker	6½	5		32½ pd
Sept X 1	Buckhannan	27	5	1	35 pd
1	R Kirkham	50	5	2	50 pd
X "	Chester	35	5	1	75 pd
	Cash	13	5	-	65 pd
		202		10	10
Sept X 5	Wm Hale	14	5	-	70
X	Buckhannan	62	5	3	10
X "	Chester	21	5	1	05 pd
"	Jo. Kirkham	30	5	1	50
	Cash	14½	5		72½ pd
		154½		7	72½
X Sept 8	Chester	24½	5	1	22½ pd
"	Suttrece	32¾	5	1	63¾ pd
X "	Wm Hale	27	5	1	35
X "	Fitzpatrick	23	5	1	15 pd
X	Buckhannan	47	5	2	35 pd
	B.A. Jett	18	5		90 pd
		172½		8	61¼
X 12	W Hale	29	5	1	45 pd
	Cash (Tarvin)	18		-	90 pd
	Do (Elissen)	35	5	1	75 pd
X	Chester	33	5	1	65 pd
X	Fitzpatrick	9½	5	-	47½ pd
X	Do	12	5	-	60 pd
	A.B. Barker	11	5	-	55 pd
	Cash	28	5	1	40 pd
X	[illegible]	177		8	85
	Chester	12		1	50 pd

— Barker 13½ lb beef (paid)
July 18 W.S. Adair 19½ lb 25¢ paid
" 28 R Kirkham 20 lb [illegible] paid
Aug 1 Buckannan 15 25 paid
" 2 W.S. Adair 17 lb paid
" 11 Mrs Buck 12 lb 25 60 paid
" W.S. Adair 72 paid
88 x 5 = 4.40

" 15 W.S. Adair ½ beef 143 lbs Lent
18 " " " Hogs 41½ "
22 " " " 37 "
25 " " " 94 "
29 " " ½ beef 118 "
Sept 1 " " ½ " 145 "
" 5 " " ½ " 155 "
" 8 " " ¾ " 253 "
" 12 " " ½ " 162½ "
" 15 " " ½ " 136 "
" 19 " " ½ hogs 90 "
" 22 " " ½ 129 "
26 " " ½ 146 "
Total 1650 lbs Lent
" 28 25½
1675½
65
837.7½

1675½
1131½
544 lbs

1675½
1461½
214 lbs

1804

4181
4162

1650
1360
34 lbs Meal 25 lb Flour

Date 1837	Names	Ration	Price	$	Cts	
Sept 15	Cash - (Worley)	12½	5	-	62½	paid
×	FitzPatrick -	24	5	1	20	paid
×	Do - Jack -	17	5		85	paid
"	Nelson --	22	5	1	10	paid
"	Littrell	30	5	1	50	paid
"	Do	18½	5		92½	paid
× "	Barker	13½	5		67½	paid
"	Cash - (Telford)	9	5		45	paid
× "	Hale	16	5	-	80	
× "	Chester -	31	5	1	55	paid
"	Dr. Hetton	17	5	-	85	paid
	Total	210½	5	10	52½	
19	Littrell	32	5	1	60	paid
× "	Wm. Hale	18	5		90	
× "	Buckkanan	15	5		75	pd 50
× "	Barker	15½	5		77½	pd
"	Cash	10½	5	-	52½	pd
"	Forrister	10	5		50	pd
× "	Chester	24	5	- 1	20	pd
× "	James Kirkham	19	5		95	pd
× "	Fitzpatrick	13	5		65	pd
	Total	157	5	7	85	
×	Wm. Hale (on 18th)	3½	5		17½	
× 22	Chester -	21	5	1	05	pd
× "	Barker	11½	5	-	57½	pd
× "	Hale	14	5		70	
× "	Fitzpatrick	38	5	1	90	pd
"	Cash	8	5		40	pd
"	Littrell	33½	5	1	67½	paid
× "	Buckhannan	70	5	3	50	paid
"	Sisson	70	5	3	50	paid
×	Littrell	25	5	1	25	
× 23	Chester	28½	5	1	41½	paid
	~~Total~~	319½	5	15	97½	
× "	Wm. Hale Total	18			95	
		337½				
× 26	~~Wm. Hale~~	13	5		65	
× 26	Wm. Hale	17	5		85	
× "	Barker	15	5	-	75	pd
×	FitzPatrick	33	5	1	65	pd
× "	Chester	30½	5	1	52½	pd
"	Sisson	38	5	1	90	pd in full
"	Forrister	14½	5		72½	
× 27	Chester	25	5	1	25	paid
	Total	186		9	30	
× 29	Wm. Hale	28½	5	1	42½	
× "	Sisson	44½		2	22½	pd in full

Dr. Hitzgh lbs
Sept 19th 24
22 12
9
45

Recd. Nov. 14th
of Mrs Byrom
3 quarters Beef 113
120
130
Total 363

Nov. 21st 1837.
Recd. of Mrs Rogers
4 qrs beef - 1qr - 70
" - 113
" - 100
" - 80
363 lb

Nov. 28 of Mrs Rogers
103.103.108-102 = 416
Deduct sold by [illegible] 34
382

Decr. 5th of Mrs Rogers
85+93+97+98 = 373

Decr. 12th of Mrs Rogers
74+76+76+76 = 302 lb

Decr. 19th of Mrs Rodg
1 Beef = 297
1 qr from W. Self 153
450 lb

38
44½
82½
5
$4.12½

7.95

Aug. 83 lbs cd
5 110
193 lb

15.96¼

190
222½
4.12½

2608 July
2440 Aug cd
193 " cd
2633 Aug

2633
2668
5301 lb
2651

3/04

New Echota Geo 14 November 1836
An Account of Rations issued to the Cherokees by Lieut Hoskins

Date of Issue	Names of heads of Families	No. of men	" Women	" Children	Rations entitled to	No. of days for	Total Rations	Rations Bacon	" Beef	" Corn	" Salt	
~~Date~~	~~Sarah Rainbow~~	~~3~~	~~2~~	~~1~~	~~5½~~	~~3~~	~~16½~~	~~16½~~	~~"~~	~~16½~~		
Nov 15	Nan Harris	6	1	-	7	4	28	28		28		
" "	Danl. Mills	14	2	-	14	4	64	64		64		
" "	Watie	3			3	4	12	12		12		
" "	Sarah Raincrow	8	1	-	9	4	36	36		36		
" "	John Hawkins	15	3	-	18	4	72	72		72		
"	Spears Joseph	11	—	-	11	4	44	44		44		
"	Milk	4	1		5	4	20	20		20		
"	John Fields	4	2		6	4	24	24		24		
"	Oo sow ee	1	1		2	4	8	8		8		
		66	11		77		308	308		308		Return No. 1
Nov 16	Sour Mush	3	1	—	4	4	16	16		16		
" "	Betsy Cads	7	3		10	4	40	40		40		
		10	4		14		56	56		56		Return No. 2
Nov 17	Nelly	3	2		5	4	20	20		20		
"	Barny Hughs	3	-	—	3	4	12	12	-	12		
"	Long Still	5	5	1	10½	4	42	42		42		
"	Chooqualookee	2	-	-	2	4	8	8		8		
"	Nathan Wolf	3	3		6	4	24	24		24		
"	Danl. Griffin	4	3	1	7½	4	30	30		30		
"	Buzzard	3	-	-	3	4	12	12		12		
"	Charles Moore	6	4		10	4	40	40		40		
"	Stephen Graves	8	4		12	4	48	48		48		
"	Alexr. Brown	2	-	-	2	4	8	8		8		
		39	21	2	61		244	244	-	244		Return No. 3

****

(4) New Echota Geo. November 1836
An account of provisions issued to the Cherokees by Lieut Hoskins

Date of issue 1836	Names of heads of Families	No of men	No of women	No of chil[dren]	Rations entitled to	No of days	Total No of Rations	Rations of Bacon	of Beef	of Corn	of Salt	
Nov 18	Bread Cutter hair	2	3	—	5	4	20	20		20		
" "	Calvin Wolf	1	1	3	3½	4	14	14		14		
"	Ailey		1		1	4	4	4		4		
"	Henderson Harris	1	1	—	2	4	8	8		8		
"	George Vance	3	—	—	3	4	12	12	—	12		
"	Watie	1	-		1	4	4	4		4		
"	Kulkulorskee	3	2	—	5	4	20	20		20		Return
		11	8	3	20½		82	82		82		No 4
Nov 19	Killemore	15	5	3	21½	4	86	86		86		
"	Sarah Raincrow	6	5	1	11½	4	46	46		46		
"	Poor Bear	3	3	3	7½	4	30	30		30		
"	Aikey	5	4	4	11	4	44	44		44		
"	Waitie	4	1	-	5	4	20	20		20		
"	Sour Mush	2	2		4	4	16	16		16		
"	Big Milk	5	1		6	4	24	24		24		
"	Ailey	1	3		4	4	16	16		16		
"	Betsy Cato	4	1	—	5	4	20	20		20		
"	Stand	2	3		5	4	20	20		20		
"	Harvy Scott	3	3		6	4	24	24		24		
"	Sizzy	1	2		3	4	12	12		12		
"	New Harris	7	5		12	4	48	48		48		No
		58	38	11	101½		406	406		406		5
Novr 21	Archy Downing	3	2		5	4	20	20		20		
"	Nathan Wolf	4	1		5	4	20	20		20		No
"	Longshell	8	3	1	11½	4	46	44		46		6
		15	6	1	21½		86	86		86		

New Echota Geo. ~~Dec~~ Nov. 1836

An account of Rations issued to the Cherokees by Lieut Hoskin.

Date of issue 1836	Names of heads of families	No. of men	No. of Women	No. of Children	Rations entitled to	No. of Days	Total No. of Rations	Ration Bacon	" Beef	" Corn	" Salt	
Nov 23	Barry Hughs	7	2	5	11½	3	34½	34½	..	34½		
"	Gorlegarloskee	3	2		5	3	15	15		15		
"	Mrs Whinkleside	5	5	5	12½	3	37½	37½		37½		
"	Bread-Cutter hair	1	3	1	4½	3	13½	13½		13½		
"	Long Shell	5	8	2	14	3	42	42		42		
"	Edgonokee	2	2	.	4	3	12	12		12		
"	Skoquah	2	.	..	2	3	6	6		6		
"	Big milk	4	2	.	6	3	18	18	-	18		
"	Sarah Raincrow	7	5		12	3	36	36		36		
"	Gorgater	7	5		12	3	36	36		36		
"	Ailey		7	-	7	3	21	21		21		
"	Calvin Wolf	6	3	-	9	3	27	27		27		
"	Sour Mush	4	.		4	3	12	12		12		
"	John Murphy	1			1	3	3	3		3		
"	Nancy		2		2	3	6	6		6		
"	Danl Griffin	2	5		7	3	21	21		21		
"	Bear Paunch	2	1	4	5	3	15	15		15		Return
"	Nathan Wolf	5	4	-	9	3	27	27		27		No 7
		63	56	17	127½	3	382½	382½		382½		
Nov 24	Betsy Coty	2	2		4	2	8	8		8		
"	Sour Mush	2			2	2	4	4		4		
"	George Ransif	1			1	2	2	2		2		
"	Tugareeskee	2	1		3	2	6	6		6		
"	Archy Downing	1	1		2	2	4	4		4		
"	John Fields Jr.	6	3		9	2	18	18		18		
"	Nan Harris	4	9	2	14	2	28	28		28		
"	Richard Scott	1	1	1	2½	2	5	5		5		
		19	17	3	37½	2	75	75		75		No 8

New Echota Geo. Nov.r 1836
An account of Rations issued to the Cherokees by Lieut Harkins -

Date of issue 1836	Names of heads of families	No. of men	No. of women	No. of Children	Rations entitled to	No. of days	Total No. of Rations	Rations of Bacon	" Beef	" Corn	" Salt
Nov. 26.	Blue Water	3	4	-	7	3	21	10	11	21	11
"	Archy Row	5	4	-	9	3	27	13	14	27	14
"	Long shell Turtle	8	7		15	3	45	23	22	45	22
"	Sarah Raincrow	3	4		7	3	21	11	10	21	10
"	Garnohee	1	2		3	3	9	4	5	9	5
"	Choowahee	3	2		5	3	15	8	7	15	7
"	Degaroos kee	3	1		4	3	12	6	6	12	6
"	Betsy Row	2	1	2	4	3	12	6	6	12	6
"	Lucinda		4	-	4	3	12	6	6	12	6
"	Big Milk	2	4		6	3	18	9	9	18	9
"	Calvin Wolf	4	5		9	3	27	14	13	27	13
"	Alexander Turk	1	1	6	5	3	15	7	8	15	8
"	Boar paunch	2	1	4	5	3	15	7	8	15	8
"	Danl. Griffin	2	3	1	5½	3	16½	8	8½	16½	8½
"	Big Killer	1	-		1	3	3	1	2	3	2
"	Sally Wrinklesides	6	2	7	11½	3	34½	17	17½	34½	17½
"	Betsy Cotes	3	1		4	3	12	6	6	12	6
"	Nan Harris	4	5	4	11	3	33	16	17	33	17
"	Peggy	2	5	1	7½	3	22½	11	11½	22½	11½
"	Chegoday		2	1	2½	3	7½	3	4½	7½	4½
"	Skoquarskey	1	1		2	3	6	3	3	6	3
		56	59	26	128	3	384	189	195	384	195

Return No. 9.

New Echota Geo: Novr. 1836

An account of Rations issued to the Cherokees by Lieut Haskins. -

Date of issue 1836	Names of heads of Families	No. of men	No. of women	No. of Children	No. of Rations entitled to	No. of days	Total No. of Rations	Rations Bacon	" Beef	" Corn	" Salt	
Nov. 28	Big Milk	4	4	-	8	1	8		8	8	8	
"	Betsy		7	.	7	1	7	3	4	7	4	
"	Calvin Wolf	1	2	3	4½	1	4½		4½	4½	4½	
"	Cloy -	1	3	4	6	1	6	6		6		
"	Watie	1	3	-	4	1	4	2	2	4	2	
"	Four Killer		2	4	4	1	4	4		4		
"	Ailey		3		3	1	3	1	2	3	2	
"	Sour Mush	2	1	.	3	1	3	2	1	3	1	
"	Teesollotee		11	-	11	1	11		11	11	11	Return
		9	36	11	50½		50½	18	32½	50½	32½	No. 10
Nov. 29	John Fields	2	1		3	3	9	9		9		
"	Sally Winklesides	1	3	6	7	3	21	18	3	21	3	
"	Danl. Griffin	3	2	-	5	3	15		15	15	15	
"	Watie	7	5	-	12	3	36	18	18	36	18	
"	Richard Scott	3	.	-	3	3	9	9	-	9		
"	Betsy Hore	3	1		4	3	12	12		12		
"	Sarah Raincrow	4	2	-	6	3	18	18		18		
"	Ailey	10	4	-	14	3	42	37	5	42	5	Return
"	Betsy Boar	-	1		1	3	3	3	.	3		
		33	19	6	55		165	124	41	165	41	No. 11
Decr. 2	Danl. Griffin	1	4	5	7½	3	22½	22½		22½		
"	Betsy Wade	1	3		4	3	12	12	-	12		
"	Sarah Raincrow	4	2	4	8	3	24	24		24		
"	Ailey		3	-	3	3	9	9		9		
"	Sally Winklesides	4	2	5	8½	3	25½	25½		25½		Return
"	Long Shell Turtle	4	3	-	7	3	21	21		21		No.
		14	17	14	38	3	114	114		114		1

1)

New Echota Geo Decr 1836

An account of Rations issued to the Cherokees by A. S. Lenoir

Date issue 1836	Names of heads of families	No. of men	No. of women	No. of Children	No. of Rations Entitled to	No. of days	Total No. of Rations	Rations of Bacon	" Beef	" Corn	" Salt	
Decr. 5	Sarah Rainerow	3	2	1	5½	3	16½	16½		16½		Busing
"	Yohnoosqualee	3	1	3	5½	3	16½	16½		16½		Do
"	Watee	1	-	-	1	3	3	3		3		Do
"	Danl. Griffin	3	—		3	3	9	9		9		Do
"	Long Turtle	3	2	1	5½	3	16½	16½		16½		Do
"	Calvin Wolf	1	1	3	3½	3	10½	10½		10½		Do
"	Betsy Cade		1		1	3	3	3		3		Do
"	Sally Wrinkleside	3	2	5	7½	3	22½	22½		22½		Do
"	Blue Water Killer		1		1	3	3	3		3		Do
"	Tarkee		1	3	2½	3	7½	7½		7½		Do
"	Susan & Sassy		2	-	2	3	6	6		6		Do
"	Aley	2	1		3	3	9	9		9		Do
"	Ailey Sasley	1	2		3	3	9	9		9		Do
"	Cheguah,lookee	1			1	3	3	3		3		Christy
"	Mrs. John Fields	2	1		3	3	9	9		9		Busing
	Return No. [struck] 2	23	17	16	48	3	144	144		144		
Decr. 11	Take sight	3	5	1	8½	3	25½	14½	11	25½	11	Com
"	Hawk	1	3	1	4½	3	13½	6½	7	13½	7	
"	Akee	2	5	2	8	3	24	16	8	24	8	
"	Ailey	1	3		4	3	12	5	7	12	7	
"	Nan Harris	3	4	4	9	3	27	16	11	27	11	
"	Kata quah lah	2	3	4	7	3	21	21	-	21		
"	Sour Mush	5	3		8	3	24	15	9	24	9	
"	Sarah Rainerow	3	2	6	8	3	24	13	11	24	11	
"	Mrs. Wrinkleside	2	3	7	7½	3	22½	14½	8	22½	8	
"	Calvin Wolf	7	4	3	12½	3	37½	37½	—	37½	—	
"	Tetah, nas,ka	2	1	4	5	3	15	8	7	15	7	
"	John Fields Sen	6	2	2	9	3	27	16	11	27	11	
"	Chee,qua, Loo,kee	1	-	-	1	3	3	3		3		
	Return No. [struck] 3	38	38	34	92	3	276	186	90	276	90	

New Echota Geo: Decr 1836

An account of Rations issued to the Cherokees by A. S. Lenoir (?)

Date of issue 1836	Names of heads of Families	No. of men	No. of women	No. of Children	Rations entitled to	No. of days	Total No. of Rations	Ration Bacon	Ration Beef	Corn	Salt
Dec. 14	Daylight	3	2	-	5	3	15	15	—	15	—
" "	Ketah quah lah	3	4	6	10	3	30	30		30	
Return No. 4		6	6	6	15		45	45		45	
15	Rain Crow	3	2	1	5½	3	16½	16½		16½	
"	George Fallen	6	-	-	6	3	18	18		18	
"	Wottee	.	4	.	4	3	12	12		12	
"	Long Shell	4	6	1	10½	3	31½	31½		31½	
"	Chooquahlookee	1	-	-	3	3	9	9		9	
"	Telestawsteskee	2	4	-	6	3	18	18		18	
16	Alekee	2	4	.	6	3	18	18		18	
"	Sally Whinkleside	2	4	7	9½	3	28½	28½		28½	
"	Goard	1	1		2	3	6	6		6	
"	Ailey Lasley	2	1	..	3	3	9	9		9	
"	Tetahnaskee	2	2	3	5½	3	16½	16½		16½	
"	Calvin Wolf	5	3	3	9½	3	28½	28½		28½	
17	Nancy Harris	3	3	3	7½	3	22½	22½		22½	
"	Saml. Griffin	1	1	1	2½	3	7½	7½		7½	
Return No. 5		34	35	19	80½		241½	241½		241½	
19	Chooquahlookee	1	--	-	1	3	3	[illegible]		3	
"	Amoowakee		1	4	3	3	9	9		9	
"	Oahtaquattla	2	2	5	6½	3	19½	19½		19½	
"	Robert McGee	1	1	1	2½	3	7½	7½		7½	
"	Dedeah Nesky	2	1	4	5	3	15	15	—	15	
"	Nan Harris	1	2	2	4	3	12	12	—	12	
"	Rain Crow	3	4	4	9	3	27	27	—	27	
"	Calvin Wolf	3/2	1	3	5½	3	16½	16½		16½	
"	Elsy Downing	2	2	1	4½	3	13½	13½		13½	
"	Betsy Cade		3	1	3½	3	10½	10½		10½	
"	Young Chinnabbee	1	1	3	3½	3	10½	10½		10½	
	Darkey Harris	1	1	1	2½	3	7½	7½		7½	
20	Boiling Mush	1	2	-	3	3	9	9		9	
	[illegible] No. 6	[illegible]	[illegible]	[illegible]	[illegible]		[illegible]	[illegible]		[illegible]	

9

New Echota Geo. Decr. 1836

An account of Ration issued to the Cherokees by A. S. Lenoir

Date of issues 1836	Names of heads of families	No. of men	No. of women	No. of children	Rations entitled to	No. of days	Total No. of Rations	Rations of Bacon	" of Beef	" of Corn	" of Salt	No. of Return
Decr 20	~~Bailey Hunt~~	~~1~~	~~2~~		~~3~~	~~3~~	~~7~~ 7	~~7~~ 7		~~7~~ 7		
22	Nan Harris	1	3	2	5	3	15	15		15		
"	Ailey Downing	2	3	-	5	3	15	11	4	15	4	
"	Cahtahquestah	2	3	4	7	3	21	13	8	21	8	
"	Calvin Wolf	3	1	3	5½	3	16½	16½	-	16½		
"	Betsy Cade	2	3	1	5½	3	16½	—	16½	16½	16½	
"	Moses Harris	1	1	1	2½	3	7½	7½	—	7½		
"	Sarah Raincrow	2	2	-	4	3	12	12		12		
"	Chuquahlookee	2	-	-	2	3	6	6		6		
"	Ee dah ne skee	1	2	4	5	3	15	9	6	15	6	
"	Henderson Harris	1	1	4	4	3	12	12	—	12		
23	Tomorrow	3			3	3	9	3	6	9	6	
"	Young Wolf	2	1	-	3	3	9	9		9		
24	Elick Tut	2	1	4	5	3	15	-	15	15	15	
Return No. 37		24	21	23	56½		169½	114	55½	169½	55½	
25	Calvin	2	1	3	4½	3	13½		13½	13½	13½	
"	Tsu qua la geo	1	-		1	3	3		3	3	3	
"	Elsy Downing	2	2	-	4	3	12		12	12	12	
"	Nan Harris	1	2	2	4	3	12		12	12	12	
"	Te,tah nung,skee	2	1	4	5	3	15		15	15	15	
"	Robert McLeery	2	2	-	4	3	12		12	12	12	
"	Darkey Harris	1	1	1	2½	3	7½		7½	7½	7½	
"	Betsy Cade	1	4	1	5½	3	16½		16½	16½	16½	
"	Eh noo caa gee	1	1	4	4	3	12		12	12	12	
"	Tomorrow	1	1	4	4	3	12		12	12	12	
"	Cah tar qualla	2	2	5	6½	3	19½		19½	19½	19½	
Return No. 38		16	17	24	45		135		135	135	135	

****

New Echota Geo. Decr. 1836 (10

An account of Rations issued to the Cherokees by A. S. Lenoir — —

Date of Issue 1836	Names of heads of Families	No. of men	" Women	" Children	" Rations to entitled	" days drawn for	Total No. of Rations	Rations of Bacon	Rations of Beef	Rations of Corn	Rations of Salt	No. of Return
Decr. 28	Elsy Downing	2	2	--	4	3	12	--	12	12	12	
" "	Calvin Wolf	3	1	3	5½	3	16½	--	16½	16½	16½	
" "	Tetah ning skee	2	1	4	5	3	15		15	15	15	
" "	Chorqualookee	1	-	-	1	3	3		3	3	3	
" "	Charles Moore	3	-	-	3	3	9		9	9	9	
" "	Cahtahqualla	2	2	5	6½	3	19½		19½	19½	19½	
" "	Naw Harris	1	2	2	4	3	12		12	12	12	
" "	Arnooyakee, Shawiard	1	1	4	4	3	12		12	12	12	
" "	Darkee Harris	1	1	1	2½	3	7½		7½	7½	7½	
" "	Betsy Cade	1	3	1	4½	3	13½		13½	13½	13½	
" "	Robert McTier	1	1	-	2	3	6		6	6	6	
" "	Tomorrow	1	1	6	5	3	15		15	15	15	No. 9
		14	15	26	47		141		141	141	141	
" 31	Brush in the water	2	3	1	5½	3	16½		16½	16½	16½	
" "	De dah nah skee	2	1	4	5	3	15		15	15	15	
" "	Ah noo wyee	1	1	4	4	3	12		12	12	12	
" "	Daniel Mills	1	1	1	2½	3	7½		7½	7½	7½	
" "	Bear Meat	2	2	4	6	3	18	3	15	18	15	
" "	Charles Moore	2	-	-	2	3	6		6	6	6	
" "	Naw Harris	1	2	2	4	3	12		12	12	12	
" "	Larkee Harris	1	1	1	2½	3	7½		7½	7½	7½	
" "	Ailsy Downing	3	2	1	5½	3	16½		16½	16½	16½	
"	Tomorrow	1	1	4	4	3	12		12	12	12	
" "	Gah dah quah lah	2	3	4	7	3	21		21	21	21	
"	Chinnahbee	3	1	1	4½	3	13½		13½	13½	13½	
"	Betsy Cade	1	4	1	5½	3	16½		16½	16½	16½	
" "	Calvin Wolf	1	1	3	3½	3	10½		10½	10½	10½	
"	Tsu qua lu yee	1	-	-	1	3	3		3	3	3	
		24	23	31	62½		187½	3	184½	187½	184½	10

11) New Echota Geo. Jany 1837

An account of Rations issued to the Cherokees by A. S. Lenoir

Date of Issue 1837	Names of heads of families	No. of Men	" Women	" Children	" Rations to entitled to	" of Days	Total No. of Rations	Rations of Fresh Pork	Rations of Beef	Rations of Corn	Rations of Salt	
Jany 1	Alexr. Tait	3	2	2	6	3	18		18	18	18	~~Bones~~
" "	Scontarkee	2	.	-	2	3	6		6	6	6	"
" "	Hand	1	2	1	3½	3	10½		10½	10½	10½	
" 3	Elsy Downing	3	2	-	5	3	15	15	-	15		Bones
" "	Daniel Hills	1	1	1	2½	3	7½	7½		7½		
" "	Betsy Cider	1	4	1	5½	3	16½	16½		16½		
" "	Calvin Wolf	1	1	3	3½	3	10½	10½		10½		
" "	Tomorrow	1	2	3	4½	3	13½	13½		13½		
" "	Brush in water	2	2	2	5	3	15	15		15		
" "	John Fields Senr.	2	4	10	11	3	33	33		33		
" "	Charles Moore	5	5	4	12	3	36	36		36		
" "	John Flammer	1	1		2	3	6	6		6		
" "	Bear Meat	2	2	4	6	3	18	18		18		
" "	Darkey Harris	1	1	1	2½	3	7½	7½		7½		
" "	Tetah,nung,skee	2	1	4	5	3	15	15		15		
" "	Teleegung,yoh,skee	1	1	4	4	3	12	12		12		
" "	Nan Harris	1	3	1	4½	3	13½	13½		13½		
" "	Cloy	2	2	5	6½	3	19½	19½		19½		
" "	Shaw	1	1	4	4	3	12	12		12		
" "	John Fields Jr	4	4	5	10½	3	31½	31½		31½		
" "	Big Coon	3	2	1	5½	3	16½	16½		16½		
" "	Chimneeblue	1	1	2	3	3	9	9		9		
" "	Jacob Nicholson	2	1	2	4	3	12	12		12		Return
" "	Bare upon the Tree	3	1	-	4	3	12	12		12		
"	Archy Rowe	4	3	-	7	3	21	21		21		
Return No. 1		50	49	60	129		387	352½	34½	387	34½	

(10)

New Echota Geo January 1837

An account of Rations issued to the Cherokees by A. S. [illegible]

Date of Issue 1837	Names of heads of families	No. of Men	" " Women	" " Children	" " Rations entitled to	No. of days	Total No. of Rations	Rations of Pork	Rations of Beef	Rations of Corn	Rations of Salt	
Jany 4	Ground Mole	4	2	1	6½	3	19½	19½		19½		Bones
" "	Connesty	2			2	3	6	6		6		
" "	Chooquahtookee	1			1	3	3	3		3		
" "	Ellick Tutt	3	2	2	6	3	18	18		18		
" "	Saml. Scott	3	2	2	6	3	18	18		18		
" "	Big Milk	1	2		3	3	9	9		9		
		14	8	5	24½	3	73½	73½		73½		
	Return No. 2											
Jany 4	Alexander Tutt - for horses									213½		
	Return No. 3											
" 5	Archy Roe	3	2		5	3	15	15		15		
" "	Majr. Ridge	4	5	2	10	3	30	30		30		
" "	Robert McTier	3	3	4	8	3	24	24		24		
		10	10	6	23	3	69	69		69		
	Return No. 4											
" 6	Scunnitiah	2	-	-	2	3	6	6		6		
" "	Dipping in the water	3	1	4	6	3	18	18		18		
" "	Bar up the tree	3	1		4	3	12	12		12		
" "	Teconnuskee	2	1	4	5	3	15	15		15		
" "	Moses Harris	1	1	1	2½	3	7½	7½		7½		
" "	Jesse Swimmer	3			3	3	9	9		9		
" "	Bare Meat	2	2	4	6	3	18	18		18		
" "	Ailsy Downing	2	2	1	4½	3	13½	13½		13½		
" "	John Fields Jr.	5	5	4	12	3	36	36		36		
" "	Henderson Harris	1	3	4	6	3	18	18		18		
" "	Betsy Cade	1	2	1	3½	3	10½	10½		10½		
	Carried over	25	18	23	54½	3	163½	163½		163½		

(16) New Echota Geo Jany 1837

An account of Rations issued to the Cherokees by A. S. Lenoir

Date of Issue 1837	Names of heads of families	No of Men	No of Women	No of Children	No of Rations entitled to	No of Days	Total No of Rations	Rations of Bacon	Rations of Beef	Rations of Corn	Rations of Salt
	Brought over)	25	18	23	54½	3	163½	163½		163½	Ron
Jany 6	Nan Harris	1	1	3	3½	3	10½	10½		10½	"
" "	John Fields Senr	4	4	6	11	3	33	33		33	"
" "	Takee Waloogu	2	2	2	5	3	15	15		15	
" "	Hair Lied	1			1	3	3	3		3	
" "	Chowcyouker		1	7	4½	3	13½	13½		13½	
" "	Henry Clay	2	3	4	7	3	21	21		21	
" "	Chinnabee	2	1	2	4	3	12	12		12	
" "	Charles Moore	4	2	2	7	3	21	21		21	
" "	Big Coon	7	2	2	5	3	15	15		15	
" "	Danl. Mills	3	1	1	4½	3	13½	13½		13½	
" "	Jacob Nicholson	2	1	2	4	3	12	12		12	
		48	36	54	111	3	333	333		333	

Return No 5.

Date of Issue 1837	Names of heads of families	No of Men	No of Women	No of Children	No of Rations entitled to	No of Days	Total No of Rations	Rations of Bacon	Rations of Beef	Rations of Corn	Rations of Salt
" 7	Ellis Tutt	4	2	2	7	3	21	21		21	
" "	Edeconnaah	2	1		3	3	9	9		9	
" "	Ground Mole	4	2	1	6½	3	19½	19½		19½	
" "	Joseph Sconnetie	1	1	3	3½	3	10½	10½		10½	
" "	Samuel Scott	3	2	2	6	3	18	18		18	
" "	Big Milk	1	2		3	3	9	9		9	
" "	Archy Row	7	5	2	13	3	39	39		39	
" 8	Major Ridge	4	5	2	10	3	30	30		30	
" "	David Watie	2		2	3	3	9	9		9	—
" "	Robert Rainerow	1	1	1	2½	3	7½	7½		7½	—
" "	James Resaw	1	1	5	4½	3	13½	13½		13½	Meat
" "	Tomorrow	1	2	3	4½	3	13½	13½		13½	"
		31	24	23	66½	3	199½	199½		199½	

Return No 6

(18)

New Echota Geo. Jany 1837

An account of Rations issued to the Cherokees by A. L. Lenoir

Date of Issue 1837	Names of heads of families	No. of men	No. of Women	No. of Children	No. of Rations entitled to	No. of Days	Total No. of Rations	Rations of Beef	Rations of Pork	Rations of Corn	Rations of Salt
Brought over		15	9	4	26	3	78	78		78	
Jany 10	Joseph Kenedy	1	1	3	3½	3	10½	10½		10½	
" "	Darkey Scott		1	1	1½	3	4½	4½		4½	
" "	Archy Rowe	7	5	2	13	3	39	39		39	
" "	Edeconnager	2	1	.	3	3	9	9		9	
		"	"	"	"	"	"	"		"	
		"	"	"	"	"	"	"		"	
" 11	James Reneau	1	1	5	4½	3	13½	13½		13½	
" "	Tomorrow	2	1	4	5	3	15	15		15	
" "	Killernigger	3	3	—	6	3	18	18		18	
" "	Major Ridge	4	5	2	10	3	30	30		30	
" "	Rain Crow	1	2	1	3½	3	10½	10½		10½	
" "	Longshell Turtle	2	4	3	7½	3	22½	22½		22½	
		"	"	"	"	"	"	"		"	
		"	"	"	"	"	"	"		"	
12	David Watie	4	1	2	6	3	18	18		18	
"	Dahgoolvatorga	2	2	2	5	3	15	15		15	
"	Nawe Harris	1	1	3	3½	3	10½	10½		10½	
"	Danl. Mills	1	1	1	2½	3	7½	7½		7½	
"	Henderson Harris	1	1	4	4	3	12	12		12	
"	John Fields	5	5	4	12	3	36	09	27	36	
"	John Fields Jr.	5	5	4	12	3	36	~~36~~	36	36	
"	Ailsy Downing	2	2	1	4½	3	13½	~~13½~~	13½	13½	
"	Deconnuskee	2	1	4	5	3	15	~~15~~	15	15	
"	A. Smith	1	4	4	7	3	21	~~21~~	21	21	
"	Robt Squirrell	1	-	-	1	3	3	~~3~~	3	3	
Carried over		63	56	54	146	3	438	~~438~~ 323	115	438	

New Echota Geo. Jany 1837 C.B.

An account of Rations issued to Cherokees by A. S. Henry

Date Issue 1837	Names of heads of families	No. of Men	" " Women	" " Children	" " Rations entitled to	No. of Days	Total No. of Rations	Rations of ~~[illegible]~~ Salt Pork	Rations of ~~[illegible]~~ Fresh Pork	Rations of Corn	Rations of Salt
Brought forward		63	56	54	146	3	438	323 ~~438~~	115	438	
Jany 12	Tower Killer	3	1		4	3	12	~~12~~	12	12	
" "	Dipping in the Water	3	1	4	6	3	18	~~18~~	18	18	
" "	Henry Clay	3	2	4	7	3	21	~~21~~	21	21	
" "	Bare Meat	1	4	5	7½	3	22½	~~22½~~	22½	22½	
" "	Betsy Crade	1	2	1	3½	3	10½	~~10½~~	10½	10½	
" "	Chunnukee	3	5	2	9	3	27	~~27~~	27½	27	
" "	Moses Harris	1	1	1	2½	3	7½	~~7½~~	7½	7½	
" "	Big Crow	2	2	2	5	3	15	~~15~~	15	15	
" "	Jacob Nicholson	2	1	2	4	3	12	~~12~~	12	12	
" "	Richard Scott	4	3	1	7½	3	22½	~~22½~~	22½	22½	
" "	Charles Moore	4	5	2	10	3	30	~~30~~	30	30	
" "	Hammer	1	1	-	2	3	6	~~6~~	6	6	
Return No. 8		91	84	78	214		642	~~[illegible]~~ 323	319	642	
" 13	R McTear	3	3	4	8	2	16	Salt Pork 16		16	
" "	Kulkeloskee	1	-	4	3	2	6	6		6	
" "	Saml. Scott	3	2	3	6½	2	13	13		13	
" "	J Scunnity	1	1	3	3½	2	7	7		7	
" "	Archy Downing	2	1	5	5½	2	11	11		11	
" "	Maud	2	2	5	6½	2	13	18		13	
" "	Ground Mole	4	2	1	6½	2	13	13		13	
" "	Archy Rowe	7	7	3	15½	2	31	31		31	
" "	Sevell	1	2	3	4½	2	9	9		9	
" "	Barny Hughs	5	2	1	7½	2	15	15		15	
" "	Big Milk	1	2	-	3	2	6	6		6	
" "	Long Shell	2	1	4	5	2	10	10		10	
"	Hair Tied	1	-	-	1	2	2	2		2	
Return No. 9		33	25	36	76	2	152	152		152	

(20)

New Echota Geo. Jany 1837

An account of Rations issued to the Cherokees by A. S. Lenoir) -

Date of Issue 1837	Names of heads of families	No. of Men	" " Women	" " Children	" " Rations entitled to	No. of Days	Total No. of Rations	Rations of Pork	Rations of Beef	Rations of Corn	Rations of Salt	
Jany 14												
" 14	Tomorrow	2	1	4	5	1	5	5		5		
" "	Majr Ridge	4	5	2	10	1	10	10		10		
" "	Calvin Wolf	1	1	3	3½	1	3½	3½		3½		
" "	Betsy Cade	2	2	2	5	1	5	5		5		
" "	Killernigor	3	3	1	6½	1	6½	6½		6½		
" "	Arnoogaw		1	3	2½	1	2½	2½		2½		
" "	J. Resaw	1	1	5	4½	1	4½	4½		4½		
Return No 10 9		13	14	20	37	1	37	37	-	37		
" 15	Maj Ridge	4	5	2	10	3	30	30		30		
" "	Jacob Nicholson	2	1	4	5	3	15	15		15		
" "	Betsy Cade	2	3	2	6	3	18	18		18		
" "	Nit	3	1	6	7	3	21	21		21		
" "	Charles Moore	5	5	4	12	3	36	36		36		
" "	Richard Scott	4	3	1	7½	3	22½	22½		22½		
" "	Chinnuppy	2	1	2	4	3	12	12		12		
" "	Joseph Deannity	1	1	3	3½	3	10½	10½		10½		
" "	Calvin Wolf	2	1	3	4½	3	13½	13½		13½		
" "	Deconnusker	2	4	4	8	3	24	24		24		
" "	Tonet Killer	4	1	-	5	3	15	15		15		
" "	Robt McPeer	1	3	1	4½	3	13½	13½		13½		
" "	Big Coon	2	2	2	5	3	15	15		15		
" "	John Fields Jr	5	5	4	12	3	36	36		36		
" "	Ailsy Downing	2	2	1	4½	3	13½	13½		13½		
" "	Archilles Smith	1	4	4	7	3	21	21		21		
" "	Archy Row	7	7	3	15½	3	46½	46½		46½		
Carried forward		49	49	46	121	3	363	363		363		

New Echota Geo. Jany 1837 (25)
An account of Rations issued to the Cherokees
by A. S. Lenoir

Date of Issues 1837	Names of heads of families	No. of Men	" " Women	" " Children	" Rations entitled to	No. of Days	Total No. of Rations	Rations of Pork or Bacon	Rations of Beef	Rations of Corn	Rations of Salt
	Brought forward	49	49	46	121	3	363	363	-	363	
Jany 15	Big Milk	1	2	-	3	3	9	9		9	
" "	Dagar Watooga	2	2	2	5	3	15	15		15	
" "	Saml. Sotte	3	2	3	6½	3	19½	19½		19½	
" "	Drummer	2	1	-	3	3	9	9		9	
" "	Nan Harris	1	2	1	3½	3	10½	10½		10½	
" "	Archy Downing	2	1	5	5½	3	16½	16½		16½	
" "	Stand	2	2	5	6½	3	19½	19½		19½	
" "	Sevell	1	2	3	4½	3	13½	13½		13½	
" "	John Fields Senr	4	4	6	11	3	33	33		33	
" "	Long Shell	1	1	3	3½	3	10½	10½		10½	
" "	Henry Clay	2	3	4	7	3	21	21		21	
" "	Chukerchunney	2	1	4	5	3	15	15		15	
" "	Bare Meat	2	4	5	8½	3	25½	25½		25½	
" "	Dipping Water	3	1	4	6	3	18	18		18	
" "	Kulketose	1	4	-	5	3	15	15		15	
" "	J. Hawkins	1	2	2	4	3	12	12		12	
" "	Moses Harris	4	5	2	10	3	30	30		30	
" "	Danl. Mills	1	1	1	2½	3	7½	7½		7½	
" "	R. Harris	1	1	4	4	3	12	12		12	
" "	Barny Hughs	5	2	1	7½	3	22½	22½		22½	
" "	J. Lesaw	1	1	5	4½	3	13½	13½		13½	
" "	D Waity	2		2	3	3	9	9		9	
	Return No 11	93	93	108	240	3	720	720		720	

22) New Echota Geo. Jany 1837.
An account of Rations issued to the Cherokees by A. S. Lenoir —

Date of Issues 1837	Names of heads of families	No. of Men	" " Women	" " Children	" " Rations entitled to	No. of Days	Total No. of Ration	Rations of Salt Pork	Rations of Beef	Rations of Corn	Rations of Salt
Jany. 16											
" 16	Scunnity	2	2	3	5½	2	11	11		11	
" "	Skaquah	1	1		2	2	4	4		4	
" "	Ground Mole	4	2	1	6½	2	13	13		13	
" "	Hairtied	1	—	—	1	2	2	2		2	
" "	Ecownagew	2	1	—	3	2	6	6		6	
Return No. 12		10	6	4	18	2	36	36	--	36	
" 17	Rain Crow	2	5	3	8½	1	8½	8½		8½	
" "	Katy		1	2	2	1	2	2		2	
" "	James McTeary	2	1	2	4	1	4	4		4	
Return No. 13		4	7	7	14½	1	14½	14½		14½	
" 18	New Harris	1	2	1	3½	3	10½	10½		10½	
" "	Henderson Harris	1	1	4	4	3	12	12		12	
" "	Hair Tyed	1	—	—	1	3	3	3		3	
" "	Barney Hughs	5	2	1	7½	3	22½	22½		22½	
" "	Joseph Scunnity	1	1	3	3½	3	10½	10½		10½	
" "	A. Smith	1	4	4	7	3	21	21		21	
" "	Betsy Eade	2	3	3	6½	3	19½	19½		19½	
" "	Skaquah	1	1	—	2	3	6	6		6	
" "	Calvin Wolf	2	1	3	4½	3	13½	13½		13½	
" "	Ailsy Downing	2	2	1	4½	3	13½	13½		13½	
" "	Chinnubee	2	1	2	4	3	12	12		12	
" "	Dipping in the Water	3	1	4	6	3	18	18		18	
" "	Moses Harris	1	1	1	2½	3	7½	7½		7½	
" "	Saml. Scott	3	2	3	6½	3	19½	19½		19½	
Carried	forward —	26	29	30	63	3	189	189		189	

(23)

New Echota Geo. Jany 1837
An account of Rations Issued to the Cherokees by A. S. Lenoir

Date of Issues 1837	Names of heads of families	No. of Men	No. of Women	No. Children	No. Rations entitled to	No. of Days	Total No. of Rations	Rations of Bacon Beef	Rations of Beef	Rations of Corn	Rations of Salt
Brought forward		26	22	30	63	3	189	189		189	
Jany 18	Archy Rowe	7	7	3	15½	3	46½	46½		46½	
" "	Gopher Killer	4	1	–	5	3	15	15		15	
" "	R. Squirrel	1	–	–	1	3	3	3		3	
" "	Henry Clay	2	3	4	7	3	21	21		21	
" "	Hammer	2	1	–	3	3	9	9		9	
" "	Bare Meat	2	4	5	8½	3	25½	25½		25½	
" "	Scrummety	2	2	3	5½	3	16½	16½		16½	
" "	Jacob Nicholson	2	1	2	4	3	12	12		12	
" "	James McSkay	2	1	3	4½	3	13½	13½		13½	
" "	D. Wortoogee	2	2	2	5	3	15	15		15	
" "	Grand Mole	4	2	1	6½	3	19½	19½		19½	
" "	D. Watie	2	–	2	3	3	9	9		9	
" "	Major Ridge	4	5	2	10	3	30	30		30	
" "	John Fields Sen	5	5	4	12	3	36	36		36	
" "	Charles Moore	5	5	4	12	3	36	36		36	
" "	J. Sesaw	1	1	5	4½	3	13½	13½		13½	
" "	Song Shell	1	1	3	3½	3	10½	10½		10½	
" "	Rain Crow	2	5	3	8½	3	25½	25½		25½	
" "	Big Corn	2	2	2	5	3	15	15		15	
" "	John Fields	4	4	6	11	3	33	33		33	
" "	Stand	2	2	5	6½	3	19½	19½		19½	
" "	Richard Scott	4	3	1	7½	3	22½	22½		22½	
" "	J. Hawkins	1	2	2	4	3	12	12		12	
" "	Edeconnayer	2	1	–	3	3	9	9		9	
" "	Katy	..	1	2	2	3	6	6		6	
Carried over		91	83	94	221	3	663	663		663	

(24) New Echota Geo. Jany. 1837
An account of Rations issued to the Cherokees by A. J. Scuos(?)

Date 1837	Names of heads of Families	No. of Men	" " Women	" " Children	" " Rations entitled to	No. of Days	Total No. of Rations	Rations of Pork	Rations of Beef	Rations of Corn	Rations of Salt
	Brought over	91	83	94	221	3	663	663	—	663	
Jany. 18	Danl. Mills	1	1	1	2½	3	7½	7½	—	7½	
" "	Big. Milk	1	2	-	3	3	9	9		9	
" "	Kulkuloke	1	4		5	3	15	15		15	
" "	Chuguchun	2	1	4	5	3	15	15		15	
" "	Swell	1	2	3	4½	3	13½	13½		13½	
" "	Archy Downing	2	1	5	5½	3	16½	16½		16½	
" "	Deconnuskee	2	1	4	5	3	15	15		15	
	R. McLear	1	3	1	4½	3	13½	13½		13½	
	Return No. 14	102	98	112	256	3	768	768	-	768	
" 20th	John Hair	3	3	1	6½	1	6½	6½		6½	
" "	James Brown	3	-	-	3	1	3	3		3	
	Return No. 15	6	3	1	9½	1	9½	9½	-	9½	
" 21	Nan Harris	1	2	1	3½	3	10½	10½		10½	
" "	Long Shell	2	3	4	7	3	21	21		21	
" "	Dipping in Water	1	1	4	4	3	12	12		12	
" "	Bond Harris	1	1	4	4	3	12	12		12	
" "	Danl. Mills	1	1	1	2½	3	7½	7½		7½	
" "	John Fields	5	5	4	12	3	36	36		36	
" "	Annuwakee	-	1	2	2	3	6	6		6	
" "	Suwakee	2	1	2	4	3	12	12		12	
" "	Kulkeloskee	1	4	-	5	3	15	15		15	
" "	Hammer	2	1	-	3	3	9	9		9	
" "	Richardson	4	2	3	7½	3	22½	22½		22½	
" "	Moses Harris	1	1	1	2½	3	7½	7½		7½	
	Carried forward	21	23	26	57	3	171	171		171	

(24)

New Echota Ga. January 1837
An account of Rations issued to the Cherokees by A. Lenoir —

Date 1837	Names	No. Men	No. Women	No. Children	No. Rations Entitled to	No. of Days	Total No. of Rations	Rations of Pork	Rations of Beef	Rations of Corn	Rations of Salt
Brought forward		21	23	26	57	3	171	171		171	
Jan 21	John Fields Senr	4	4	6	11	3	33	33	-	33	
" "	Calvin Wolf	2	1	3	4½	3	13½	13½		13½	
" "	Ailcy Downing	2	2	1	4½	3	13½	13½		13½	
" "	Cheguchunne	1	3	4	6	3	18	18		18	
" "	Rats, kee, nah	1			1	3	3	3		3	
" "	David Watie	2	-	2	3	3	9	9		9	
" "	Majr Ridge	4	5	2	10	3	30	30		30	
" "	John Hawkins	1	2	2	4	3	12	12		12	
" "	Swell	1	2	4	5	3	15	15		15	
" "	Archy Downing	2	1	4	5	3	15	15		15	
" "	Charles Moore	5	5	4	12	3	36	36		36	
" "	Hand	2	2	5	6½	3	19½	19½		19½	
" "	Deconnuskee	2	1	4	5	3	15	15		15	
" "	Archy Rowe	7	7	3	15½	3	46½	46½		46½	
" "	Tower Killer	4	1		5	3	15	15		15	
" "	Arch Smith	1	4	4	7	3	21	21		21	
" "	Joseph Scuntiah	1	1	3	3½	3	10½	10½		10½	
" "	Big Corn	2	2	2	5	3	15	15		15	
" "	Betsy Cade	2	3	2	6	3	18	18		18	
" "	Henry Clay	2	3	4	7	3	21	21		21	
" "	Scuinnetiah	3	4	3	8½	3	25½	25½		25½	
" "	Jacob Nicholson	2	1	2	4	3	12	12		12	
" "	Ave Vann	2	1	1	3½	3	10½	10½		10½	
" "	Barney Hughs	4	2	2	7	3	21	21		21	
" "	Daga Wattooga	2	2	2	5	3	15	15		15	
" "	Bare Meat	2	2	4	6	3	18	18		18	
Carried over		84	84	99	217½	3	652½	652½		652½	

(26)

New Echota Ga. January 1837

An account of Rations Issued to the Cherokees by A. L. Lenoir

Date 1837	Names	No. of Men	No. of Women	No. of Children	No. of Rations entitled to	No. of Days	Total No. of Rations	Rations of Salt Pork	No. Rations of Fresh Pork	Rations of Corn	Rations of Salt
Brought over		84	84	99	217½	3	652½	652½		652½	
Jany 21	Edicoonnayer	1	2	–	3	3	9	9		9	
" "	Sally Raincrow	2	5	3	8½	3	25½	25½		25½	
" "	James McTear	2	1	3	4½	3	13½	13½		13½	
" "	Big Milk	1	2		3	3	9	9		9	
" "	James Brown	3	-		3	3	9	9		9	
" "	Decolahdeskah	4		–	4	3	12	12		12	
" "	James Sesaw	1	1	5	4½	3	13½	13½		13½	
" "	John Hair	3	3	1	6½	3	19½	19½		19½	
" "	Young Puppy	3			3	3	9	9		9	
" "	Hair Tyed	1	-		1	3	3	3		3	
" "	Chunaukee	2	1	2	4	3	12	12		12	
Return No. 16		107	99	113	262½	3	787½	787½		787½	
" 24	Yoner Miller	5	1		6	3	18	18		18	
" "	Bread	3	3	1	6½	3	19½	19½		19½	
" "	Betsy Wade	2	3	2	6	3	18	18		18	
" "	Big Milk	1	2		3	3	9	9		9	
" "	Barny Hughs	5	2	1	7½	3	22½	22½		22½	
" "	John Fields Jr.	5	5	4	12	3	36	22½	13½	36	
" "	Big Corn	2	2	2	5	3	15	~~15~~	15	15	
" "	Archy Roe	7	7	3	15½	3	46½	~~46½~~	46½	46½	
" "	Edicoonnayer	2	1		3	3	9	~~9~~	9	9	
" "	A. Clay	2	3	4	7	3	21	~~21~~	21	21	
" "	James McTear	2	1	3	4½	3	13½	~~13½~~	13½	13½	
" "	John Fields Senr	2	3	3	6½	3	19½	~~19½~~	19½	19½	
" "	Sevell	1	2	3	4½	3	13½	~~13½~~	13½	13½	
Carried forward		39	35	26	87	3	261	~~261~~ 109½	151½	261	

Salt Pork the same as other column

New Echota Ga — January 1837 (27)

An account of Rations Issued to the Cherokees by A. J. Simon —

Date 1837.	Names	# of Men	# of Women	# of Children	Rations Entitled to	# of Days	Total # of Rations	Rations of Fresh Pork Beef	Rations of Salt Pork	Rations of Corn	Rations of Salt
	Brought Forward	39	35	26	87	3	261	261		261	
Jany 24	James Brown	3	-		3	3	9	9		9	
" "	Young Puppy	3	-	-	3	3	9	9		9	
" "	Archy Downing	2	2	3	5½	3	16½	16½		16½	
" "	Ground Mole	4	2	1	6½	3	19½	19½		19½	
" "	Sarah Hammerow	5	6	3	12½	3	37½	37½		37½	
" "	Diving in the Water	3	1	4	6	3	18	18		18	
" "	Wyookee	1	1	3	3½	3	10½	10½		10½	
" "	Scunnity	3	4	3	8½	3	25½	25½		25½	
" "	Kah, ha, nah, kee	1		-	1	3	3	3		3	
" "	Chelangutiskee	4			4	3	12	12		12	
" "	Joseph Scunnity	1	1	3	3½	3	10½	10½		10½	
" "	Dager Wattooga	2	2	2	5	3	15	15		15	
" "	Chuchunnee	1	3	5	6½	3	19½	19½		19½	
" "	Hand	2	2	4	6	3	18	18		18	
" "	Chinnubee	2	1	2	4	3	12	12		12	
" "	Bear Meat	2	4	5	8½	3	25½	25½		25½	
" "	R. McLeer	1	3	1	4½	3	13½	13½		13½	
" "	Doonakee	4			4	3	12	12		12	
" "	Deondikee	2	1	4	5	3	15	15		15	
" "	J. Mankiller	1	1		2	3	6	6		6	
" "	Kulkeloskee	1	4	-	5	3	15	15		15	
" "	J. Hawkins	1	2	2	4	3	12	12		12	
" "	Jacob Nicholson	2	1	2	4	3	12	12		12	
" "	Charles Moore	5	5	4	12	3	36	36		36	
" "	Hair Tied	1			1	3	3	3		3	
" "	Hammer	2	1		3	3	9	9		9	
	~~Brought~~ Carried over	98	82	77	218½	3	655½	655½		655½	

28

New Echota Ga. January 1837.

An account of Rations issued to the Cherokees by A. S. Lenoir —

Date 1837	Names	No. of Men	No. of Women	No. of Children	No. of Rations entitled to	No. of Days	Total No. of Rations	Rations of Salted Pork	Rations of Beef	Rations of Corn	Rations of Salt
Brought [forward, struck out]		98	82	77	218½	3	655½	[struck out] 655½	[struck out]	655½	
Jany 24	Archy Smith	1	4	4	7	3	21	21		21	
" "	James Lesaw	1	1	5	4½	3	13½	13½		13½	
" "	Ailsy Downing	3	2	1	5½	3	16½	16½		16½	
" "	Skaguah	1	1	-	2	3	6	6		6	
" "	Moses Harris	1	1	1	2½	3	7½	7½		7½	
" "	Long Shell	1	1	3	3½	3	10½	10½		10½	
" "	David Watey	2		2	3	3	9	9		9	
" "	Majr. Ridge	4	5	2	10	3	30	30	-	30	
" "	Tesuatasker	7	3	6	13	3	39	39		39	
" "	H. Harris.	1	1	4	4	3	12	12		12	
" "	David Mills	1	1	1	2½	3	7½	7½		7½	
" "	Nan Harris	1	2	1	3½	3	10½	10½		10½	
" "	Richard Scott	4	2	4	8	3	24	24		24	
" "	Swimmer	1			1	3	3	3		3	
" "	Ave Vann	2	1	1	3½	3	10½	10½		10½	
" "	Killer Moon	1	2	3	4½	3	13½	13½		13½	
" "	John Fields Jr.	5	5	4	12	3	36	36		36	
" "	Saml. Scott	1	1	2	3	3	9	9		[struck out] 9	
Return No 17		136	115	121	311½	3	934½	[struck out] 934½	[struck out]	934½	

39

New Echota Ga - January 1837 -

An account of Rations issued to the Cherokees by A. T. Senior -

Date 1837	Names	No. of Men	No. of Women	No. of Children	No. of Rations entitled to	No. of Days	Total No. of Rations	Rations of Salted Pork	Rations of Beef	Rations of Corn
Brought over -		62	57	63	150½	3	451½	451½		451½
Jany 27	Rain Crow	2	5	4	9	3	27	27	-	27
" "	Doonahher	4	-	-	4	3	12	12	-	12
" "	James McTear	2	1	3	4½	3	13½	13½		13½
" "	Danl. Mills	1	1	1	2½	3	7½	7½		7½
" "	John Fields Senr.	4	4	6	11	3	33	33		33
" "	Chuquchunnah	1	3	5	6½	3	19½	19½		19½
" "	Yoner Killer	5	1	-	6	3	18	18		18
" "	Archie Smith	1	4	4	7	3	21	21		21
" "	Killer Moon	1	2	3	4½	3	13½	13½		13½
" "	Charles Morre	5	5	4	12	3	36	36		36
" "	Chuquelorkee	1	--	-	1	3	3	3		3
" "	Jones Hawkins	1	2	2	4	3	12	12		12
" "	John Fields Jr.	5	5	4	12	3	36	36		36
" "	Ave Vann	2	1	1	3½	3	10½	10½		10½
" "	Calvin Wolf	3	1	3	5½	3	16½	16½		16½
" "	Ellis Tutt	3	2	2	6	3	18	18		18
" "	Richard Scott	4	2	3	7½	3	22½	22½		22½
" "	Archy Downing	2	2	4	6	3	18	18		18
" "	Kulkelookee	2	4	2	7	3	21	21		21
" "	Edeconnah	2	1	-	3	3	9	9		9
" "	Chelorquetahee	4	-	-	4	3	12	12		12
" "	Dager Toter	1	1	6	5	3	15	15		15
" "	Kahhunehher	1	-		1	3	3	3		3
" "	Diving in Water	3	1	2	5	3	15	15		15
Return No. 18		122	105	122	288	3	864	864		864

(31

Recapitulation

January 1837.

Date commencing 1837	~~Names~~ Ending	No. of ~~Ration~~ Return	No. of Men	No. of Women	No. of Children	No. of Rations entitled to	No. of Days	Total No. of Rations	Rations of Salted Pork	Rations of Beef	Rations of Corn	Rations of Salt
Jany 1	Jany 3	No. 1	50	49	60	129	3	387	352½	34½	387	34½
" 4	Jany 6	" 2	14	8	5	24½	3	73½	73½	-	73½	
" 4	"	" 3	-	-	-	-	-	-	-	-	213½	
" 5	" 7	" 4	10	10	6	23	3	69	69		69	
" 6	" 8	" 5	48	36	54	111	3	333	333		333	
" 7	" 9	" 6	31	24	23	66½	3	199½	199½	-	199½	
" 9	" 11	" 7	43	41	62	115	3	345	345		345	
" 10	" 12	" 8	91	84	78	214	3	642	642		642	
" 13	" 14	" 9	33	25	36	76	2	152	152		152	
" 14	" 14	" 10	13	14	20	37	1	37	37		37	
" 15	" 17	" 11	93	93	108	240	3	720	720		720	
" 16	" 17	" 12	10	6	4	18	2	36	36		36	
" 17	" 17	" 13	4	7	7	14½	1	14½	14½		14½	
" 18	" 20	" 14	102	98	112	256	3	768	768		768	
" 20	" 20	" 15	6	3	1	9½	1	9½	9½		9½	
" 21	" 23	" 16	107	99	113	262½	3	787½	787½		787½	
" 24	" 26	" 17	136	115	121	311½	3	934½	934½		934½	
" 27	" 29	" 18	122	105	122	288	3	864	864		864	
			913	817	932	2196		6372	6337½	34½	6585½	34½

See The Roll itself

(32)

(33

A Roll of the names of heads of Cherokee families drawing Rations at New Echota Ga in February 1837.

Date 1837	Names of heads of families	No. of Men	No. of Women	No. of Children	No. of Rations Entitled to	No. of days	Total No. of Rations	Rations of Bacon	Rations of Beef	Rations of Corn	Rations of Salt	
Feby 4	Chesnut	2	-	-	2	4	8	8	-	-	-	
Return No. 1												
" 8	Kikatee	4	2	-	6	1	6	6		6	Verbal order of Genl. W.	
Return No. 2												
- 10	Ned Bark	1	2	4	5	3	15	15	-	—		
"	Alexander Brown	1	2	4	5	3	15	15	-	—		
"	Richard Scott	2	3	2	6	3	18	18	-	-		
Return No. 3.		4	7	10	16		48	48				
13	Ellie Tutt	5	2	2	8	3	24	24	-	24		
"	Tsuqualookee	1	-	-	1	3	3	3		3		
"	Eteconna	1	2	.	3	3	9	9		9		
"	Ave Vann	4	3	2	8	3	24	24	-	—		
"	Bread cutter (Hair)	2	2	4	6	3	18	18	-	-		
"	Archilla Smith	3	3	3	7½	3	22½	22½		22½		
Return No. 4		16	12	11	33½		100½	100½		58½		
14	Wadie	-	3	-	3	3	9	9		9		
"	Dah yah ne		2	3	3½	3	10½	10½		10½		
"	George	2	1		3	3	9	9		9		
"	Wattie		3	.	3	3	9	9		9		
16	Chuqua loogo	1	.	-	1	3	3	3		3.		
[illegible]		3	9	3	13½		40½	40½		40½		

34 Roll continued — February 1837.

Date 1837.	Names	Men	Women	Children	Rations entitled to	No of days	Total No of Rations	Rations of Bacon		Rations of Corn
	Brought over	3	9	3	13½	3	40½	40½		40½
Feby 18	Nan Harris	2	5	5	9½	3	28½	28½		28½
"	Charles Downing	1	-	-	1	3	3	3		3
	Return No. 5. –	6	14	8	24		72	72		72
21	John Harrimer	2	4	4	8	4	32	~~32~~		32
	Return No 6	2	4	4	8	4	32	—	-	32
25	Nancy – –	2	1	-	3	3	9	9		9
~~27~~	~~Elizabeth Shoeboots~~		—							
	Return No. 7.	2	1	-	3	3	9	9		9

Recapitulation February 1837.

Date 1837	Ending	Number of Return	No of Men	No of Women	No of Children	No of Rations Entitled to	No of Days	Total No of Rations	Rations of Bacon		Rations of Corn
Feby 4	February 7	1	2	-	-	2	4	8	8	-	—
" 8	" 8	2	4	2	-	6	1	6	6		6
" 10	" 12	3	4	7	10	16	3	48	48	-	~
" 13	" 15	4	16	12	11	33½	3	100½	100½		58½
" 14	" 16	5	6	14	8	24	3	72	72		72
" 21	" 24	6	2	4	4	8	4	32	—		32
" 25	" 27	7	2	1	-	3	3	9	9		9
			36	40	33			275½	243½		177½

Roll Continued — March 1837 (35

Date 1837	Names	Men	Women	Children	Rations entitled to	No. of Days	Total No. of Rations	Rations of Bacon	Rations of Beef	Rations of Corn	Rations of Salt
March											
2	Elizabeth Morbert	–	1	2	2	3	6	6	—	6	
6	Nancy Catcham		3	–	3	3	9	9		9	
10	Nancy Catcham	.	3	–	3	3	9	9		9	
15	Nancy Catcham		3	–	3	3	9	9		9	
"	Ellick Tutt	2	2	5	6½	3	19½	19½		19½	
Return No. 1. —		2	12	7	17½	3	52½	52½		52½	
20	Sarah	3	2	4	7	1	7	7		7	
"	Betsy	3	2	4	7	1	7	7		7	
Return No. 2 —		6	4	8	14	1	14	14		14	
23	Aikey	1	1	–	2	4	8	8		8	
24	Jimmy	1	2	1	3½	4	14	14		14	
25	Archer	2	–	–	2	4	8	8		8	
"	Quatie Murphy	2	2	1	4½	4	18	18		18	
"	Sarah	4	2	–	6	4	24	24		24	
"	Leaf	1	3	–	4	4	16	16		16	
"	~~Creek Refugees~~	~~7~~	~~7~~	~~15~~	~~21~~						
Return No. 3. —		11	10	2	22	4	88	88		88	
26	~~Creek Refugees~~	~~7~~	~~7~~	~~15~~	~~21~~	~~1~~	~~21~~	~~21~~		~~21~~	
~~Return No.~~		[illegible]	[illegible]	[illegible]	[illegible]	[illegible]	[illegible]	[illegible]		[illegible]	
× 27	Gaiscawnee	1	1	2	3	4	12	12		12	
"	Anny	3	3	6	9	4	36	36		36	
× "	Cohtakawa	3	1	2	5	4	20	20		20	
× "	Howling Wolf	1	1	4	4	4	16	16		16	
× "	Jim	3	2	3	6½	4	26	26		26	
Carried over —		11	8	17	27½	4	110	110	—	110	

****

36) Roll Continued — March 1837 —

Date 1837	Names	Men	Women	Children	Rations entitled to	No. of Days	Total No. of Rations	Rations of Bacon	Rations of Corn	Rations Corn Meal
March 27	Brought over	11	8	17	27½	4	110	110	110	
× "	Sam	2	1	6	6	4	24	24	24	
× "	Fish	1	1	3	3½	4	14	14	14	
"	Kaietah	2	1	2	4	4	16	16	16	
	Return No. 4	16	11	28	41	4	164	164	164	
28	E. Tatts Children	—	1	5	3½	4	14	14	14	
29	~~Creek Refugees~~	~~[illegible]~~	~~[illegible]~~	~~[illegible]~~	~~[illegible]~~	~~[illegible]~~	~~[illegible]~~	~~[illegible]~~	~~[illegible]~~	
"	Betsy Six killer	2	4	2	7	4	28	28	28	
30	Prisoners	4	-	—	4	4	16	16	—	16
"	Seaf	1	3	—	4	4	16	16	—	16
"	Cah lah	5	4	1	9½	4	38	38	—	38
× "	Cullosee	4	2	2	7	4	28	28	—	28
"	Sally Miller	—	1	1	1½	4	6	6		6
31	Gaircah ne	1	1	2	3	4	12	12	-	12
"	Coh te ka wa	3	1	2	5	4	20	20		20
"	Howling wolf	1	1	4	4	4	16	16		16
-	Jim	3	2	3	6½	4	26	26		26
"	Sam	2	1	6	6	4	24	24		24
"	Fish	X	X	3	3½	4	14	14		14
"	Quah la u cha	1	1	6	5	4	20	20		20
"	Nanny	3	4	4	9	4	36	36		36
"	Hawk	1	1	2	3	4	12	12		12
"	Aikey	1	3	2	5	4	20	20		20
		~~40~~	~~38~~	~~60~~	~~108~~	~~4~~	~~432~~	~~432~~	~~42~~	~~304~~
	Return No. 5	33	31	75	86½	4	346	346	42	304

(37)

Date 1837	Name		Men	Women	Children	Rations entitled to	No. of Days	Total No. of Rations	Rations of Bacon	Rations of Corn	Rat. Corn Meal
	Recapitulation March										
	Return No.	1	2	12	7	17½	3	52½	52½	52½	
	Do.	2	6	4	8	14	1	14	14	14	
	Do.	3	11	10	2	22	4	88	88	88	
	Do.	4	16	11	28	41	4	164	164	164	
	Do.	5	33	31	45	86½	4	346	346	42	304
			68	68	90	181	—	664½	664½	362½	304
									lb oz 498-6		

PAGE 38 BLANK

Roll Continued April 1837 (39)

Date 1837	Names	Adult Men	Women	Children	Rations entitled to	No. of Days	Total No. of Rations	Rations of Bacon	Rations Corn	Rations of Cornmeal
Apl 1	John Uwanah	1	1	1	2½	4	10	10	—	10
" 2	Betsy Sixkiller	2	4	2	7	4	28	28	—	28
"	Ellick Tutt	3	2	2	6	4	24	24		24
3	Culloqua	4	2	2	7	4	28	~~28~~	—	28
"	Leaf	1	3		4	4	16	—	—	16
"	Cah tah lakee	5	4	1	9½	4	38	—	38	—
4	Kenetee	1	2	5	5½	4	22	22	22	
"	Howling Wolf	1	1	~~4~~	4	4	16	16	16	
"	Fish	1	1	3	3½	4	14	14	14	
"	Jinny	1	1	3	3½	4	14	14	14	
"	Qua la u cha	1	1	6	5	4	20	20	20	
"	Aiky	1	3	2	5	4	20	20	20	
"	Sam	2	1	6	6	4	24	24	24	
"	Ah na kua ke	1	1		2	4	8	8	8	
"	~~Sally~~ Rabbit	1	2	4	5	4	20	20	20	
"	Sally Millers		2	4	4	4	16	16	16	
"	Cohta ka wee	3	1	2	5	4	20	20	20	
"	Audey	3	1	3	5½	4	22	22	22	
"	Hawk	3	1	1	4½	4	18	18	18	
"	Nanny	..	2	2	3	4	12	12	12	
"	Aikey	2	4	2	7	4	28	28	28	
"	Gaircawne	1	1	2	3	4	12	12	12	
"	Sixkiller	3	4	4	9	4	36	36	36	—
" 5	Ginny	3	2	3	6½	4	26	26		26
" "	John Uwanah	1	1	1	2½	4	10	10		10
" "	Little Hog	2	3	2	6	4	24	24		24
" "	Ellick Tutt	3	2	2	6	4	24	24		24
		50	53	69	137½	4	550	468	360	190

Return No. 1.

40)

Roll Continued April 1837

Date 1837	Names	No. of Men	No. of Women	No. of Children	No. of Rations entitled to	No. of Days	Total No. of Rations	Rations of Bacon	Rations of Corn	Rations of Corn Meal
April										
" 6	Betsy Sixkiller	2	4	2	7	4	28	28		28
" "	Aiky Foster	4	2	7	9½	4	38	38		38
" 7	Leaf	1	3	—	4	4	16	16		16
"	Cullosee	4	2	2	7	4	28	28		28
"	Caht,la,ka.	5	4	1	9½	4	38	~~38~~		38
"	Susannah	—	1	3	2½	4	10	10		10
"	John - (old man)	1	2	3	4½	4	18	18		18
8	Rabbit	1	2	4	5	4	20	20		20
"	Sam	2	1	6	6	4	24	24		24
"	Qualaucha	1	1	6	5	4	20	20		20
"	Nanny	—	2	2	3	4	12	12		12
"	Jinny	1	1	3	3½	4	14	14		14
"	Coh ta ka wa	3	1	2	5	4	20	20		20
"	Aiky (12 in below)	4	3	4	9	4	36	36		36
"	Rock	1	1	4	4	4	16	16		16
"	Nanny	4	2	4	8	4	32	32		32
"	Jinny	1	1	3	3½	4	14	14		14
"	Fish	1	1	3	3½	4	14	14		14
"	Tiny	-	2	-	2	4	8	8		8
"	Katy	1	1	4	4	4	16	16	-	16
"	Kahatie	2	3	1	5½	4	22	22		22
"	Skatteen	2	4	4	8	4	32	32		32
"	Gais caw ne	1	1	2	3	4	12	12		12
"	Six killer	3	4	4	9	4	36	36	12	24
"	Au[illegible] ne (Auhne	1	1	3	3½	4	14	14	14	[illegible]
9	Ellick Tutt	3	2	2	6	4	24	24	24	
"	Little Hog	2	3	2	6	4	24	24	24	
"	John Uwanah	1	1	1	2½	4	10	10	10	
		52	56	82	149	4	596	558	84	512

Return No. 2.

Roll Continued April 1837 (41

Date 1837	Names	Men	Women	Children	Rations issued	No. of days	Total Rations	Rations of Bacon	Rations of Corn
Apl. 10	Aiky Foster	4	2	7	9½	4	38	38	38
"	Betsy Sixkiller	2	4	2	7	4	28	28	28
"	Tom Foster	1	1	1	2½	4	10	10	10
"	Fool Petery	4	4	2	9	4	36	36	36
"	Jimmy	3	2	3	6½	4	26	26	26
"	Betsy	2	2	2	5	4	20	20	20
"	Cuh noikees kee	2	—	—	2	4	8	8	8
" 11	Leaf	1	3		4	4	16	16	16
"	Susannah	—	2	4	4	4	16	14	16
"	Cullosee	4	2	2	7	4	28	28	28
"	Sally Miller	3	3	1	6½	4	26	26	26
"	Katy	—	1	—	[illegible]	4	4	4	4
"	~~[illegible]~~ Rabbit	1	2	4	5	4	20	20	20
"	Cahttaka (Dr. boy)	5	4	1	9½	4	38	38	38
"	John, (old man)	1	[illegible]	3	4½	4	18	18	18
"	Nah nail lah	3	2	—	5	4	20	20	20
"	Nancy	2	2	4	6	4	24	24	24
"	Betsy	2	4	2	7	4	28	28	~~28~~
12	Kenetee	1	2	5	5½	4	22	22	22
"	Jinny	3	1	1	4½	4	18	18	18
"	Aiky	4	3	4	9	4	36	36	36
"	Nanny		2	2	3	4	12	12	12
"	Tom	1	1	5	4½	4	18	18	18
"	Cottakaua	3	1	2	5	4	20	20	20
"	Howling Wolf	1	1	4	4	4	16	16	16
"	Ahne F.	1	1	2	3	4	12	12	12
"	Fish M	1	1	3	3½	4	14	14	14
"	Tuny		2		2	4	8	8	8
"	Aiky	4	3	3	8½	4	34	34	34
Carried over		59	60	69	153½	4	614	614	614

(42) Roll Continued April 1837

Date 1837	Names	No. of Men	No. of Women	No. of Children	No. of Rations entitled to	No. of Days	Total Rations	Rations of Bacon	Rations of Corn	Corn Meal
Apl	Brought over	59	60	69	153½	4	614	614	614	
12	Sam —	3	3	3	7½	4	30	30	30	
"	Waiky	1	3	3	5½	4	22	22	22	
"	Nanny	4	2	4	8	4	32	32	32	
"	Eaircawne	1	1	2	3	4	12	12	12	
"	Kahaatee	2	3	1	5½	4	22	22	22	
"	Sixkiller	3	4	4	9	4	36	36	36	
13										
"	Chin nefk quah	1	2	—	3	4	12	12	—	12
"	Little Hog	2	3	2	6	4	24	24		24
"	Ellick Putt	3	2	2	6	4	24	24		24
"	Dizane		1	2	2	4	8	8		8
"	Hog Toter —	4	2	5	8½	4	34	34		34
"	Titze nah he —	1	1	2	3½	4	12	12	—	12
"	John Uwanah	1	1	1	2½	4	10	10		10
14	Fool Peter	4	4	2	9	4	36	36		36
"	Chahquahlale	1	1	—	2	4	8	8		8
"	Aiky Foster	3	1	7	7½	4	30	30		30
"	Lucy Foxbiter	1	1		2	4	8	8		8
"	Betsy Sixkiller	2	4	2	7	4	28	28		28
	Return No. 3	96	99	111	250½	4	1002	1002	768	234
15	Sally Miller	2	3	1	5½	4	22	22		22
"	Nah nootlah	3	2	—	5	4	20	20		20
"	Hillotee	1	1	—	2	4	8	8		8
"	Katy	-	1	-	1	4	4	4		4
"	Jimmy	3	2	3	6½	4	26	26		26
"	Eoowasttillsee	4	3	3	8½	4	34	34		34
"	E Yah sa tah	1	—	—	1	4	4	4		4
	Carried forward —	14	12	7	29½		118	118		118

Roll Continued April 1837 (43)

Date 1837	Names	No. Men	" " Women	" " Children	" " Rations entitled to	" " Days	" " Rations Total	Rations of Bacon	Rations of Corn	Rations of Corn Meal
	Brought forward	14	12	7	29½	4	118	118	–	118
Apr. 15	Nancy	2	2	4	6	4	24	24		24
"	Quatie Murphy	2	2	4	6	4	24	24		24
"	Wattie	1	3	2	5	4	20	20		20
"	Cullopsee	4	2	2	7	4	28	28		28
	Leaf	1	3	–	4	4	16	16		16
16	Jinny	3	1	1	4½	4	18	18		18
"	Anne	1	1	2	3	4	12	12		12
"	Wacky or Peggy	1	3	4	6	4	24	24		24
"	Nanny		2	3	3½	4	14	14		14
"	Cah ta ka wa	3	14	4	6	4	24	24	12	12
"	Kaha tee	2	3	1	5½	4	22	22	22	
"	Nanny (little)	4	2	5	8½	4	34	34	34	
17	Little Dog	2	3	2	6	4	24	24	24	
"	Ellick Tutt	3	2	2	6	4	24	24	24	
	Aiky	4	3	3	8½	4	34	34	34	
"	Tish - Fr. wife	3	4	2	8	4	32	32	32	
"	John Wirsuck	1	1	1	2½	4	10	10	10	
"	Six Killer	3	4	4	9	4	36	36	36	
"	Hog Toter	4	2	5	8½	4	34	34	34	
"	Katy	1	3	3	5½	4	22	22	22	
"	Howling Wolf	1	1	4	4	4	16	16	16	
"	Tetch nake	1	1	2	3	4	12	12	12	
"	Six Killer	3	4	4	9	4	36	36	36	
	Tom Foster	2	1	1	3½	4	14	14	14	
	Qua la u cha	1	1	6	5	4	20	20	20	
	Carried over	67	67	78	173	4	692	692	382	310

44)

Roll Continued - April 1837.

Date 1837	Names	No. of Men	" " Women	" " Children	" " Rations in total	" " Days	" " Rations Total	Rations of Bacon	Rations of Corn	Rations of Corn Meal
	Brought over	67	67	78	173	4	692	692	382	310
Apl. 17	Cuh,noo,kees kee	1	1	–	2	4	8	8	8	
" "	Sam	3	3	3	7½	4	30	30	30	
" "	Tom	1	1	5	4½	4	18	18	18	
" "	Chick,a lettee	4	3	5	9½	4	38	38	38	
18th	Oxley Foxkiller	2	4	2	7	4	28	28	28	
18	Aiky Foxkiller	3	1	7	7½	4	30	30	30	
"	Lucy Foxbiter	2	1	–	3	4	12	12	12	
"	Sleeping Rabbit	1	2	4	5	4	20	20	20	
"	George	1	1	4	4	4	16	16	16	
"	Chennick quah	1	2	–	3	4	12	12	12	
	~~Toone kible~~									
19	Jimmy	4	3	3	8½	4	34	34	34	
"	Nah nait lah	3	2	–	5	4	20	20	20	
"	Jinny	1	1	4	4	4	16	16	16	
"	Betsy	2	2	3	5½	4	22	22	22	
"	Quatie Murphy	2	2	4	6	4	24	24	24	New Bacon
"	Cullospee	4	2 3	2	7	4	28	28	28	
"	Toowas killie	1	3	4	6	4	24	24	24	
"	Nancy	2	2	4	6	4	24	24	24	
"	Wattie	1	3	2	5	4	20	20	20	
"	Katy		1	–	1	4	4	4	4	
"	Leaf (Pr Cullospee)	1	3		4	4	16	16	16	
		107	110	134	284	4	1136	1136	826	310

Return No. 4

1136

Roll Continued April 1837 (45)

Date 1837	Names	Agd Men	" " Women	" " Children	" Ration entitled to	" " Days	" " Rations Total	Rations of Bacon	Rations of Corn	Rations of Corn Meal
Apl.										
20	Gaiscawine	3	4	1	7½	4	30	30	30	
"	Fool Peter	4	4	2	9	4	36	36	36	
"	Sally Killer	3	3	1	6½	4	26	26	26	
"	Chah,quo,carter	1	1		2	4	8	8	8	
"	Ah,ne	1	1	2	3	4	12	12	12	
"	Waiky	1	3	4	6	4	24	24	24	
"	Coolastah	4	7	0	9	4	36	36	36	
"	Betsy		2	3	3½	4	14	14	14	
"	Rakate	2	3	1	5½	4	22	22	22	
"	Nanny	-	2	3	3½	4	14	14	14	
"	Dosowee	3	4	2	8	4	32	32	32	
"	Kenitee	1	2	5	5½	4	22	22	22	
"	Hawk	3	1	1	4½	4	18	18	18	
"	Jo									
21	John Uwainah	1	1	1	2½	4	10	10	10	Meat from smoke the house [illegible]
"	Fling it away	1	1	2	3	4	12	12	12	
"	Hog Toter	4	2	5	8½	4	34	34	34	
"	Cohtakawa	3	1	4	6	4	24	24	24	
"	Tom Foster	2	1	1	3½	4	14	14	14	
"	John (Old man)	1	2	3	4½	4	18	18	18	
"	Ellick-Lutt	3	2	2	6	4	24	24	24	
"	Little Hog	2	3	2	6	4	24	24	24	
"	Six Killer	3	4	4	9	4	36	36	36	
"	Pidgeon	3	4	5	9½	4	38	38	38	
"	~~Jesse Halfbreed~~	~~3~~	~~4~~	~~3~~	~~8½~~	~~4~~	~~34~~	~~34~~	~~34~~	
"	Setting up Pidgeon	3	1	5	6½	4	26	26	26	
"	Chickalittee	4	3	5	9½	4	38	38	38	
Carried over		56	57	70	148		592	592	592	

46) O Roll Continued April 1837.

Date	Name	Men	Women	Children	Rations entitled	Days	Rations Total	Rations of Bacon	Rations of Corn	Rations of Meal
1837	Brought over	56	57	70	148		592	592	592	
Apl. 22	Aiky Foster	1	1	6	5	4	20	20	20	
"	Lucy Foxbitor	1	1	-	2	4	8	8	8	
"	Dinah Rogers	2	2	7	6½	4	26	26	26	
"	Jesse Halfbreed	3	4	2	8½	4	34	34	34	
"	Betsey Sixkiller	2	2	3	5½	4	22	22	22	
"	Rooster	1	1	3	3½	4	14	14	14	
"	~~[illegible]~~									
	Suttuyah	2	4	5	8½	4	34	34	34	
23	Sally	–	2	6	5	4	20	20	20	
"	Rabbit	2	2	4	6	4	24	24	24	
"	Jimmy	4	3	3	8½	4	34	34	34	
"	Jinny	1	2	6	6	4	24	24	24	
"	Aiky	3	1	3	5½	4	22	22	22	
"	Nah nail lah	3	2	–	5	4	20	20	20	
"	Fish	3	3	4	8	4	32	32	32	
"	Too ni, ye	2	1	3	4½	4	18	18	18	
"	Leaf	1	3	–	4	4	16	16	16	
"	Caht laska	4	4	4	10	4	40	40	40	
"	Cul lo sue	4	2	2	7	4	28	28	28	
"	Chin nuh qua	1	2	–	3	4	12	12	12	
"	Nanny	2	2	4	6	4	24	24	24	
24	Nanny		2	3	3½	4	14	14	14	
"	Rohati	2	3	7	5½	4	22	22	22	
"	Gais cawne	3	4	1	7½	4	30	30	30	
"	Oo sowe	3	4	2	8	4	32	32	32	
"	Coo lastah	4	2	6	9	4	36	36	36	
	Carried forward	110	115	149	299½	4	1198	1198	1198	

C. Roll Continued — April 1837 (47

Date 1837	Names	No. of Men	" " Women	" " Children	Rations " " entitled to	" " Days	" " Rations total	Rations of Bacon	Rations of Corn	Rations of Corn Meal
	Brought forward	110	115	149	299½	4	1198	1198	1198	
24	Ah.ne	1	1	2	3	4	12 (27 struck)	12 (27 struck)	12 (27 struck)	
"	Nelly	4	4	3	9½	4	38	38	38	
"	Fool Peter	4	4	2	9	4	36	36	36	
"	Peggy - (or Waiky)	1	4	3	6½	4	26	26	26	
"	Katy -		1		1	4	4	4	4	
"	Hawk.	3	1	1	4½	4	18	18	18	
"	Blue Bird	1	1		2	4	8	8	8	
"	Flying man -	1	4	5	7½	4	30	30	30	
"	George Falling	4	1	8	6½	4	26	26 (struck figure beneath)	26 (struck)	
"	Tom	1	1	5	4½	4	18	18	18	
"	Sam	3	3	3	7½	4	30	30	30	
"	Betsy	2	4	2	7	4	28	28	28	
"	Sally Millary	3	3	[illegible]	6½	4	26	26	26	
"	Young Bird	1	3	–	4	4	16	16	16	
"	Bill	1	1	3	3½	4	14	14 (struck figure beneath)	14 (struck)	
"	Jack Will	4	4	–	8	4	32	32 (struck figure beneath)	32 (struck)	
"	Noo.chow.e	3	1	1	4½	4	18	18	18	
		147	156	183	394½	4	1578	1578	1506	

Return No. 5. —

Date	Names	Men	Women	Children	Rations entitled to	Days	Rations total	Rations of Bacon	Rations of Corn	Rations of Corn Meal
		147	156	183	394½					
Apl 25	Cohtuka wa	3	2	2	6	4	24	24	24	
" "	Little Hog	2	3	2	6	4	24	24	24	
" "	Elliott Lutie	3	2	2	6	4	24	24	24	
" "	Tom Foster	2	1	1	3½	4	14	14	14	
"	Culsee.na,	1	1	2	3	4	12	12	12	
"	Going back	3	3	5	8½	4	34	34	34 (struck)	
"	Hog toter	4	2	5	8½	4	34	34	34	
"	Pidgeon	3	4	5	9½	4	38	38	38	
"	Sitting up Pidgeon	3	2	4	7	4	28	28	28	
"	Fling it away	1	1	2	3	4	12	12	12	
"	John Uwanah	1	1	2	3	4	12	12	12	
	Carried over —	26	22	32	64	4	256	256	222	

48)

1837	Names	Men	Women	Children	Rations	Days	Total Rations	Rations Bacon	Rations Corn
Brought forward		26	22	32	64	4	256	256	222
Apl 25	Chicka littee	5	3	3	9½	4	38	38	38
"	Six killer	3	4	4	9	4	36	36	36
"	Aiky Foster	1	1	6	5	4	20	20	20
"	Lucy Foxbiter	1	1	-	2	4	8	8	8
"	Dinah Rogers	2	1	7	6½	4	26	26	26
Apl 26	Betsy Sixkiller	2	4	2	7	4	28	28	28
"	Nelly	2	1	1	3½	4	14	14	14
"	Tesaw, is kee	1	1	4	4	4	16	16	16
"	Ty, ees kee	2	1	3	4½	4	18	18	18
"	Sound	1	1	3	3½	4	14	14	14
"	Sutteey ah,	2	4	5	8½	4	34	34	34
" 27	Jimmy	4	3	3	8½	4	34	34	34
"	Fish	3	3	4	8	4	32	32	32
"	Jesse Halfbreed	3	4	3	8½	4	34	34	34
"	Nah naut lah	3	2	-	5	4	20	20	20
"	Jinny	1	2	6	6	4	24	24	24
"	Tuny	1	2	-	3	4	12	12	12
"	Aiky	4	3	3	8½	4	34	34	34
"	Rabbit	2	2	4	6	4	24	24	24
"	Bear	3	3	3	7½	4	30	30	30
"	Chu, tah, ah, lah, tah	3	2	3	6½	4	26	26	26
"	Kinetee	1	2	5	5½	4	22	22	22
"	George	2	2	3	5½	4	22	22	22
"	Quatee Murphy	2	1	3	4½	4	18	18	18
"	Leaf	1	3	-	4	4	16	16	16
Carried forward		81	78	110	214		856	856	822

(49

Date 1837	Names	Men	Women	Children	Rations	Days	Total Rations	Rations Bacon	Rations Corn	
	Brought forward	81	78	110	214	11	856	856	822	
April 27	Tequas, killee.	3	4	3	8½	4	34	34.	34	
"	Wattie	1	1	1	2½	4	10	10	10	
"	Cah,losee	2	2	—	4	4	16	16	16	
"	Nancy –	2	2	4	6	4	24	24	24	
28	Fool Pater	4	4	2	9	4	36	36	36.	
"	Noochowe	4	1	1	5½	4	22	22	22	
"	Nanny	–	2	3	3½	4	14	14	14	
"	Akne	1	1	2	3	4	12	12	12	
"	Blue Bird	1	1		2	4	8	8	8	
"	Hawk	3	1	1	4½	4	18	18	18	
"	Nelly	4	4	4	10	4	40	40	40	
"	John (old man)	3	3	—	6	4	24	24	24	
"	Peggy –	1	4	3	6½	4	26	26	26	
"	Flying man	2	4	4	8	4	32	32	32	
"	George Falling	4	1	3	6½	4	26	26	—	
"	Catcher	3	3	4	8	4	32	32	32	
"	Jack Will	4	4	—	8	4	32	32	32	
"	Bill	1	1	3	3½	4	14	14	14	
"	Gais cauh ne	3	4	1	7½	4	30	30	30	
"	Rahatee	2	3	1	5½	4	22	22	22	
"	Betsy	2	5	2	8	4	32	32	32	
"	Jack Waterhunter	4	2	6	9	4	36	36	36	The last of the Bacon from 10 lb rounds
"	Sally Miller	3	3	1	6½	4	26	26	26	
"	Oowattee	-	2	3	3½	4	14	14	14	
"	Oosowee } (8 days)	3	4	2	8	4	32	32	32	
"	Aiky }	3	4	2	8	4	32	32	32	
	Return No. 6.	144	148	166	375	4	1500 / 1500	1500	1440	

50)

Roll Continued

Date 1837	Names	Men	Women	Children	Rations entitled to	Days	Total No. Rations	Rations Bacon	Corn
April 29	Coh ta ka wa	3	2	2	6	4	24	24	24
"	John Uwanah	1	1	2	3	4	12	12	12
"	Fling it away	1	2	1	3½	4	14	14	14
"	Setting up Pidgeon	3	2	4	7	4	28	28	28
"	Chickalittee	5	3	4	10	4	40	40	40
"	Tom Foster	1	1	1	2½	4	10	10	10
"	Hog toter	4	2	5	8½	4	34	34	34
"	Six killer	4	4	3	9½	4	38	38	38
30	Elliot Lutt	5	3	2	9	4	36	36	36
"	Little Hog	2	3	2	6	4	24	24	24
"	Betsy Six killer	2	4	2	7	4	28	28	28
		31	27	28	72	4	288	288	288

Return No. 7

Recapitulation

	Men	Women	Children	Rations entitled to	Days	Total No. Rations	Rations Bacon	Corn	Corn Meal
Return No. 1	50	53	69	137½	4	550	468	360	190
Do " 2	52	56	82	149	4	596	558	84	512
Do " 3	96	99	111	250½	4	1002	1002	768	234
Do " 4	107	110	134	284	4	1136	1136	826	310
Do " 5	117	156	183	394½	4	1578	1578	1506	—
Do " 6	144	148	166	375	4	1500	1500	1446	
Do " 7	31	27	28	72	4	288	288	288	
	627	645	773	1662½	4	6650	6530	5272	
							lb 4897½		

Roll Continued (51)

Date 1837	Names	Men	Women	Children	Rations entitled to	Days	Total Rations	Bacon	Corn

52)

Roll continued May 1837

Date 1837	Names	No. of Men	No. of Women	" " Children	" " Rations entitled to	No. of Days	" " Rations Total	Rations of Bacon	Rations of Corn
May 1	Leaf	1	3	-	4	4	16	16	16
"	Nah nait Cah, and J. Crittendon	3	2	-	5	4	20	20	20
"	Watter	3	5	6	11	4	44	44	~~44~~
"	Jesse Halfbreed	3	4	3	8½	4	34	34	34
"	Jack	4	4	3	9½	4	38	38	38
"	Its all got in	3	5	4	10	4	40	40	40
"	Quatee Murphy	2	1	3	4½	4	18	18	18
"	Tewaskillee	4	4	2	9	4	36	36	36
"	Cullofsee	2	2	-	4	4	16	16	16
"	Sound	1	1	3	3½	4	14	14	14
"	Nancy	2	2	4	6	4	24	24	24
"	Sam	3	3	4	8	4	32	32	32
May 2	Kahatee	2	3	1	5½	4	22	22	22
"	Jimmy	4	3	3	8½	4	34	34	34
"	Peggy	-	2	4	4	4	16	16	16
"	Jack Waterhunter	1	2	6	6	4	24	24	24
"	Guiscauhne	3	4	1	7½	4	30	30	30
"	Dinah Rogers	1	2	6	6	4	24	24	24
"	Aiky Foster	2	2	5	6½	4	26	26	26
"	Pidgeon	3	4	5	9½	4	38	38	38
"	Tom Foster	1	1	1	2½	4	10	10	10
"	Noochowa	3	1	1	4½	4	18	18	18
"	Jinny	1	2	6	6	4	24	24	24
"	Netty	3	2	4	8	4	32	32	32
"	Aiky	4	3	3	8½	4	34	34	34
"	Tesawiskee	1	1	4	4	4	16	16	16
"	Fish	1	1	4	4	4	16	16	16
"	Luney	1	2	-	3	4	12	12	12
"	Sam	3	1	-	4	4	16	16	16
"	Waggon	1	1	1	2½	4	10	10	10
Carried forward		66	74	87	183½	4	734	734	690

(53

Roll continued May 1837

Date 1837	Names	No. of Men	No. of Women	Children	Rations entitled to	Days	Rations Total	Rations of Bacon	Rations of Corn
	Brought forward	66	74	87	183½	4	734	734	690
May 2	Fool Peter	4	4	2	9	4	36	36	36
"	Blue Bird	1	1	-	2	4	8	8	8
"	Flying man	1	4	4	7	4	28	28	28
"	of Tom	1	1	5	4½	4	18	18	18
"	Hawk	3	1	1	4½	4	18	18	18
"	George Falling	4	1	3	6½	4	26	26	[illegible]
"	Catcher.	3	3	4	8	4	32	32	32
"	Jack Will	4	4	--	8	4	32	32	32
"	Bill	1	1	3	3½	4	14	14	14
3	Hog toter	[illegible]	[illegible]	[illegible]					
"	Setting up Pidgeon	[illegible]	[illegible]	[illegible]					
"	Fling it away	[illegible]	[illegible]	[illegible]					
"	John Uwanah	[illegible]	[illegible]						
		88	94	109	236½	4	946	946	876
	Return No. 1								
3	Hog toter	2	2	5	6½	5	32½	32½	32½
"	Setting up Pidgeon	1	1	5	4½	5	22½	22½	22½
"	Fling it away	1	2	1	3½	5	17½	17½	17½
"	John Uwanah	1	1	.	2	5	10	10	10
"	Cohta ka wa	3	1	2	5	5	25	25	25
	Chickalattee	5	3	5	10½	5	52½	52½	52½
"	Sutteeyah	2	4	4	8	5	40	40	40
"	Sally Miller	3	3	1	6½	5	32½	32½	32½
"	Sixkiller	1	1	-	2	5	10	10	10
"	Betsy		3		3	5	15	15	15
4	Betsy Sixkiller		[illegible]	[illegible]	[illegible]	[illegible]			
		19	21	23	51½	5	257½	257½	257½
	Return No. 2								

(54)

Date 1837	Names	No. of Men	" Women	" Children	" Rations entitled to	" of Days	" Rations total	Rations of Bacon	Rations of Corn	
May 4	Betsy Sixkiller	–	4	2	5	4	20	20	20	
"	Ellick Tutt	3	2	2	6	4	24	24	24	
"	Little Hog	2	3	2	6	4	24	24	24	
"	Toonowee	1	1	1	2½	4	10	10	~~10~~	
5	Chinnakquaa	1	1	2	3	4	12	12	12	
"	Quatta Murphy	2	1	2	4	4	16	16	16	
"	Tyooskilpae	3	2	2	6	4	24	24	24	
"	Sam	2	1	4	5	4	20	20	20	
"	Katy		1		1	4	4	4	4	
"	Watter	–	–	2	1	4	4	4	4	
"	Spirit	1	1	2	3	4	12	12	12	
"	Nancy	–	1	–	1	4	4	4	4	
"	Culseena	1	1	2	3	4	12	12	12	
"	Little Dick (& wife)	2	2	5	6½	4	26	26	26	
"	George	1	1	3	3½	4	14	14	14	
"	John Mattern	1	1	2	3	4	12	12	12	Rec 272
"	Nakmaitleh	3	2	–	5	4	20	20	20	
	Sally	1	2	1	3½	4	14	14	14	
6	George Falling	4	1	3	6½	4	26	26	~~26~~	Bacon got of Moody 1074 3/4
"	~~Teuetoo~~ Fool Peter	4	4	2	9	4	36	36	36	
"	~~Peggy~~	~~1~~	~~4~~	~~3~~	~~6½~~	~~4~~	~~26~~	~~26~~	~~26~~	
"	Pidgeon Sitter	3	4	5	9½	4	38	38	38	
"	Peggy	–	2	4	4	4	16	16	16	
"	Acky Foster	2	2	5	6½	4	26	26	26	
"	Dinah Rogers	1	2	6	6	4	24	24	24	
"	Nanny	–	2	3	3½	4	14	14	14	
"	Jack Waterhunter	1	2	6	6	4	24	24	24	
"	Gaiscauhnee	1	1		2	4	8	8	8	
"	Rose	4	4	3	9½	4	38	38	38	
"	Jimmy	1	1	2	3	4	12	12	12	
	Carried forward	45	52	73	133½	4	534	534	498	

Date 1837	Names	No. of Men	" " Women	" " Children	" " Rations entitled to	" " of Days	" " Rations total	Rations of Bacon	Rations of Corn
	Brought forward	45	52	73	133½	4	534	534	498
May 6	Rabbit	2	1	2	4	4	16	16	16
" "	Ka hu tee	1	2	-	3	4	12	12	12
" 6	Catcher	3	3	4	8	4	32	32	32
" "	De ya ne	-	1	2	2	4	8	8	[illegible]
" "	Hawk	2	1	1	3½	4	14	14	14
" "	Tom Foster	1	1	1	2½	4	10	10	10
" 8	~~Sutteyah~~	~~1~~	~~1~~	-	~~2~~	~~4~~	~~8~~	~~8~~	~~8~~
8	Suttezyah	1	1	-	2	4	8	8	8
"	Betsy sixkiller	-	4	2	5	4	20	24	20
"	Oohtuka wa	3	1	2	5	4	20	20	20
"	Setting up Pidgeon	1	1	5	4½	4	18	18	18
"	Sally Miller	3	3	1	6½	4	26	26	26
"	Hog Toter	2	2	5	6½	4	26	26	26
"	Jesse Halfbreed	2	3	5	7½	4	30	30	30
"	Fling it away	[illegible]	2	1	3½	4	14	14	14
"	Katy		1		1	4	4	4	4
"	Oowattie	1	1		2	4	8	8	8
"	John Uwanah	1	1	-	2	4	8	8	8
"	~~[illegible]~~	~~4~~	~~4~~	~~2~~	~~9~~	~~4~~	~~36~~	~~36~~	~~36~~
"	Chickasettee	5	3	5	10½	4	42	42	42
"	Click Tutt	1	2	2	4	4	16	16	16
"	Little Hog	2	3	2	6	4	24	24	24
"	Sixkiller	2	1	1	3½	4	14	14	14
"	~~[illegible]~~ Tom	1	1	5	4½	4	18	18	18
	Sam	2	2	2	5	4	20	20	20
	Zuny	1	2		3	4	[illegible]	12	12
		83	95	121	238½	4	954	954	910

Monday

Return No 3

56)

Roll Continued May 1837

Date 1837	Names	No. of Men	No. of Women	" " Children	" " Rations entitled to	No. of Days	" " Rations Total	Rations of Bacon	Rations of Corn
May 6	Oosowee	3	4	2	8	8	64	64	64
" "	Kenetee	1	2	5	5½	8	44	44	44
		4	6	7	13½	8	108	108	108
Return No. 4									
May 9	Going back	2	2	7	7½	4	30	30	~~30~~
" "	~~Leaf~~ Quatie Murphy	2	1	2	4	4	16	16	16
" "	Fish	1	1	4	4	4	16	16	16
"	Jinny	1	1	4	4	4	16	16	16
"	Callossee	1	1	-	2	4	8	~~8~~	~~8~~
"	Leaf	1	—	—	1	4	4	4	4
"	Nancy		1	-	1	4	4	4	4
"	Nah,nait,tah.	3	2	—	5	4	20	20	20
"	Sam	2	1	4	5	4	20	20	20
"	Sally	1	2	1	3½	4	14	14	14
"	Chinnukque	1	1	2	3	4	12	12	12
"	John Doherty	2	3	11	10½	4	42	42	~~42~~
"	Ti yuh hah	5	8	6	16	4	64	64	~~64~~
"	Watila,tuh	2	5	5	9½	4	38	38	38
"	Sound -	1	-	-	1	4	4	4	4
"	Ookshute	~~1~~	~~4~~	-	5	4	20	20	~~20~~
~~" 12~~	~~Nanny~~	~~—~~	~~7~~	~~13~~	~~13½~~	~~5~~	~~16½~~	~~16~~	~~16½~~
~~"~~	~~Ke you tsha~~		~~1~~		~~1~~	~~5~~	~~5~~	~~5~~	~~5~~
~~"~~	~~Getup~~	~~1~~	~~1~~	~~4~~	~~4~~	~~5~~	~~20~~	~~20~~	~~20~~
~~"~~	~~Gais,cauh ne~~	~~1~~	~~1~~	~~2~~	~~3~~	~~5~~	~~15~~	~~15~~	~~15~~
~~"~~	~~Whiteman~~	~~1~~	~~2~~	~~2~~	[illegible]	[illegible]	[illegible]	[illegible]	
		26	33	46	82	4	328	328	172
Return No. 6									

Tuesday

Roll Continued May 1837 (57

Date 1837	Names	No. of Men	" Women	" Children	" Rations entitled to	" Days	" Rations Total	Rations of Bacon	Rations of Corn
May 10	Nanny		2	3	3½	5	17½	17½	17½
"	Ki you teha		1	-	1	5	5	5	[illegible]
"	Got up	1	1	4	4	5	20	[illegible]	20
"	Gais cah na	1	1	2	3	5	15	15	15
"	Whiteman	1	2	3	4½	5	22½	22½	[illegible]
"	Pidgeon	3	3	2	7	5	35	35	35
"	Tom Foster	1	1	1	2½	5	12½	12½	12½
"	Jack Will	2	3	-	5	5	25	25	25
"	Kahatee	1	2	1	3½	5	17½	17½	17½
"	Catcher	3	3	4	8	5	40	40	40
"	Fool Peter	3	-	-	3	5	15	15	15
"	Jack Waterhunter	1	2	6	6	5	30	30	30
"	Jack Baldridge	4	1	1	5½	5	27½	27½	—
"	Whortleberry	4	2	5	8½	5	42½	42½	—
"	Ata lis kee	3	1	-	4	5	20	20	—
"	Jimmy	3	2	2	6	5	30	30	30
"	Ailey		4	-	4	5	20	20	—
"	Hawk	3	2	1	5½	5	27½	27½	27½
"	Peggy		2	4	4	5	20	20	20
"	Aiky Foster	2	2	5	6½	5	32½	32½	32½
"	Dinah Rogers	1	2	6	6	5	30	30	—
"	Noo,chow,ee	2	1	—	3	5	15	15	15
"	Ahne	1	1	2	3	5	15	15	15
"	George Falling	4	1	3	6½	5	52½	32½	—
"	Sam, Tahtaike	1	2	-	3	5	15	15	[illegible]
		45	44	55	116½	5	582½	582½	367½

Wednesday

The last of Moodys Bacon

187½ Rat. Bacon

Return No. 6

Date	Names	Men	Women	Children	Rations	Days	Total	Bacon	Corn
11	Little Dick	2	2	5	6½	8	52	52	52

Return No. 7

(28)

Roll Continued May 1837

Date 1837	Names	No. of Males	No. Women	No. Children	No. Rations entitled to	No. of Days	No. Rations Total	Rations of Bacon	Rations of Corn	Corn Meal
May 11	Sound	1	1	3	3½	4	14	14	14	
"	Ti,ees,kee	2	2	1	4½	4	18	18	18	
12	John Uwanah	1	1	-	2	4	8	8	8	
"	Betsy Sixkiller	2	4	2	7	4	28	28	28	
"	Jesse Halfbreed	2	3	5	7½	4	30	30	30	
"	Oh,to,ka,wa	3	1	2	5	4	20	20	20	
"	Solly Miller	3	3	1	6½	4	26	26	26	
"	King it away	1	2	1	3½	4	14	14	14	
"	Chickabetter?	5	3	5	10½	4	42	42	42	
"	Hogtoter?	2	2	5	6½	4	26	26	26	
"	Setting up Pidgeon	1	1	5	4½	4	18	18	18	
"	Katy		2	-	2	4	8	8	8	
"	Ellick Tutt	3	2	2	6	4	24	24	24	
"	Little Hog	2	3	2	6	4	24	24	24	
"	Betsy	2	3	2	6	4	24	24	24	
"	Skillakee?	3	2	—	5	4	20	20	20	
13	Nahnaittah	3	2	—	5	4	20	20	~~20~~	20
"	Sutteeyah?	1	1	2	3	4	12	12		12
"	~~Corn back?~~	~~3~~	~~9~~	~~1~~	~~7½~~	~~4~~	~~30~~	~~30~~		~~30~~
"	Quatie Murphy	2	1	2	4	4	16	16	—	16
"	Chinnu Agua	1	1	2	3	4	12	12		12
"	Nancy	1	2	3	4½	4	18	18		18
"	Tewas killer?	3	2	2	6	4	24	24		24
"	Fish	1	1	4	4	4	16	16		16
"	Jinny	1	1	4	4	4	16	16		16
"	Sixkiller	2	1	1	3½	4	14	14		14
"	Leaf	1			1	4	4	4		4
"	Cullosfee?	1	1	—	2	4	8	8		8
"	Wattee		1	2	2	4	8	8		8
"	Aiky	—	1	3	2½	4	10	10		10
	Dick	1	2	3	4½	4	18	18		18
[illegible]		51	52	64	135	4	540	540	344	196

Roll continued May 1837. (59)

Date 1837	Names	No. of Men	" " Women	" " Children	" " Rations entitled to	" " Days	" " Rations of total	Rations of Bacon	Rations of Corn	Rations Corn Meal
May 13	Going Back	3	2	7	8½	8	68	68	—	68
15	Poosowee	3	4	2	8	8	64	42		64
"	Wau la tah	~~4~~ 2	4	2	7	8	56	56	53	~~56~~
16	Kenitee	2	2	5	5½	8	44	30	44	
"	John Doherty	2	2	12	10	8	80	54	80	
	Chickiga	2	4	4	7	8	56	36	~~56~~	
	Letige Graves	2	2	4	6	8	48	32	48	
	Return No. 9.	14	20	36	52	8	416	298	225	135
15	Taicauhne	1	1	2	3	4	12	8		12
"	Kahatee	1	2	1	3½	4	14	10		14
"	Sam	2	2	2	5	4	20	14		20
"	Peggy	—	2	4	4	4	16	12		16
"	Nelly	2	3	2	6	4	24	16		24
"	Catcher	3	3	4	8	4	32	22		32
"	Fool Poler	4	2	1	7½	4	30	20		30
"	Noochowee	2	1	1	3½	4	14	9		14
"	Tisau,iske	1	2	2	4	4	16	11		16
"	Pidgeon Lifter	2	4	3	7½	4	30	20		30
"	Nanny	—	2	3	3½	4	14	10		14
"	~~Betsy Sixkiller~~									
"	~~Tocalau,ehaloon~~	1	1	5	4½	4	18	12		18
"	Hawk	3	2	1	5½	4	22	16		22
"	Jack Will	2	3	—	5	4	20	14		20
"	Jack Waterhunter	1	2	6	6	4	24	16		24
"	Ahne	1	1	2	3	4	12	8		12
"	~~Wau la tah~~	~~2~~	~~4~~	~~2~~	~~7~~	~~4~~	~~28~~	~~18~~		~~28~~
"	Leaf	1	3	1	4½	4	18	12		18
"	Wattie	—	2	2	3	4	12	8		12
"	Aiky Foster	2	2	5	6½	4	26	16		26
"	Jimmy	3	2	2	6	4	24	16		24
"	Sound	1	1	3	3½	4	14	9		14
	Tiyesky	2	2	1	4½	4	18	12		18
		36	45	53	107½	4	430	289		430

(69)

Roll Continued

1837	Names	Men	Women	Children	Rations entitled to	Days	Total Rations	Rat. Bacon	Rat. Corn	Rat. Corn Meal
	Brought forward.	36.	45	53.	107½	4	430	289	—	430.
May 15	Oo,ti,yo	–	1	3	2½	4	10	8		10
"	Tone che kee	1	1	3	3½	4	14	9		14
"	~~Tom Foster~~	~~1~~	~~1~~	~~8~~	~~[illegible]~~	~~4~~	~~18~~	~~[illegible]~~		~~18~~
"	Tom	1	1	2	3	4	12	8	12	~~12~~
"	Tom Foster	1	1	1	2½	4	10	8		10
"	Cunseenih	1	1	2	3	4	12	8		12
16	Betsy Sixkiller	2	4	2	7	4	28	18	–	28
"	Jesse Halfbreed	1	3	5	7½	4	30	20	30	~~30~~
"	Betsy	2	3	2	6	4	24	16	24	~~24~~
"	Ooh ta ka wa	3	1	2	5	4	20	14		20
"	Sally Miller	3	3	1	6½	4	26	18		26
"	Chicka Cittee	5	3	5	10½	4	42	28		42
"	Hog toter	2	2	5	6½	4	26	16.		26
"	Skitta-hee	3	2		5	4	20	14		20
"	John Uwanah	1	1	2	3	4	12	8	12	~~12~~
"	Setting up Pidgeon	1	1	5	4½	4	18	12	18	~~18~~
"	Fling it away	1	2	1	3½	4	14	9	14	~~14~~
"	Chick e ya	~~1~~	~~4~~	~~4~~						
"	John Shatteen	1	1	2	3	4	12	8	~~12~~	
"	Toonawe	1	1	1	2½	4	10	8	~~10~~	
"	Saunta take	1	4	–	5	4	20	14	20	
"	Katy		3		3	4	12	8	12	
"	Ellick Tutt	2	2	2	5	4	20	14	20	
17	Cahuga	—	2	4	4	4	16	12	16	
"	James McDaniel	3	3	2	7	4	28	18	28	
"	Tom McDaniel	2	3	4	7	4	28	18	28	
"	Emauly	1	3	3	5½	4	22	14	22	
"	Wattie McDaniel	2	4	2	7	4	28	18	28	
"	Nahnaittah	3	2	–	5	4	20	14	20	
		81	103	114	241	4	964	647	304	638

Return No 10

Roll Continued (61)

1837.	Name	Men	Women	Children	Rations entitled to	Days	Total Rations	Rations Bacon	Rations of Corn
May 1	Cahuga	—	2	4	4	4	16	12	16
"	James McDaniel	3	3	2	7	4	28	18	28
"	Tom McDaniel	2	3	4	7	4	28	18	28
"	Enafuly	1	3	3	5½	4	22	14	22
"	Watter McDaniel	2	4	2	7	4	28	18	28
"	Nahnattlah	3	2	—	5	4	20	14	20
17	Quater Murphy	2	1	2	4	5	20	15	20
"	Chinnuckqua	1	1	2	3	5	15	10	15
"	Leaf	1	1	-	2	5	10	8	10
"	Fish	1	1	4	4	5	20	14	20
"	Tuwaskillee	3	2	2	6	5	30	20	30
"	Wattie	—	1	2	2	5	10	8	10
"	George Falling	4	1	3	6½	5	32½	21	
"	Tekee Murphy	-	-	2	1	5	5	4	5
"	Cullosee	1	1	—	2	5	10	8	10
"	Nancy	1	2	3	4½	5	22½	16	22½
"	Sally	1	2	1	3½	5	17½	12	17½
	Dinah Rogers	1	2	6	6	5	30	22	30
		16	15	27	44½	5	222½	158	190

see last page

Return No. 11-

62)

Roll Continued.

Date	Names	Men	Women	Children	Rations entitled to	Days	Rations in Total	Rations Bacon	Rations Corn
1837									
May 18	Henderson Harris	1	1	4	4	4	16	10	16
"	Sally	–	4	1	4½	4	18	12	18
"	Foxkiller	2	1	1	3½	4	14	10	14
"	Sohta, Luktah	1	2	5	5½	4	22	14	22
19	Nanny		2	3	3½	4	14	10	14
"	Jinny	1	1	4	4	4	16	10	16
"	Lanny	1	1	–	2	4	8	6	8
"	Rabbit	2	1	2	4	4	16	10	16
"	Tom	1	1	2	3	4	12	8	12
"	Aiky Foster	2	2	5	6½	4	26	18	26
"	Noochowee	2	1	1	3½	4	14	10	14
"	Jimmy	3	2	2	6	4	24	16	24
"	Kahatee	1	2	1	3½	4	14	10	14
"	Sound	1	1	3	3½	4	14	10	14
"	Catcher	3	3	4	8	4	32	20	32
"	Jack Will	2	3	–	5	4	20	14	20
"	Pidgeon Lifter	2	4	3	7½	4	30	20	30
"	Fool Peter	5	2	1	7½	4	30	20	30
"	Conichuke	1	1	3	3½	4	14	10	14
"	Blue Bird	1	1		2	4	8	6	8
"	Nelly	2	3	2	6	4	24	16	24
"	Tesaw is kee	1	2	2	4	4	16	10	16
"	Hasik	3	2	1	5½	4	22	15	22
"	Oo ti ye		1	3	2½	4	10	6	10
"	Peggy		2	4	4	4	16	10	16
"	Te ees kee	2	2	1	4½	4	18	12	18
"	Ahne	1	1	2	3	4	12	8	12
"	Waterhunter Jack	1	2	6	6	4	24	16	24
Devil "	Aiky	–	1	3	2½	4	10	6	10
"	Gaur chihine	1	1	2	3	4	12	8	12
	Carried forward	43	53	71	131½	4	526	351	526

Roll Continued 63

Date 1837	Names	Men	Women	Children	Rations entitled to	Days	Total Rations	Rations of Bacon	Rations of Corn
	Brought forward	43	53	71	131½	4	526	351	526
May 19.	Stop	4	5	4	11	4	44	30	44
"	Nelly Hogner	1	4	3	6½	4	26	18	26
"	Ground Hog	4	-	-	4	4	16	10	16
"	Skitta hee	1	3	1	4½	4	18	12	18
	Return No. 12	53	65	79	157½	4	630	421	630
May 19	Little Dick	2	2	5	6½	8	52	35	52
"	George (for Little Dick)	1	1	3	3½	8	28	19	28
22	Chu,te,ai,la,Tah	1	1	2	3	8	24	16	24
23	Crawler (for Going Back)	3	2	7	8½	8	68	46	~~68~~
	Return No. 13	7	6	17	21½	8	172	116	104
24	Te con nees kee	1	1	4	4	9	36	24	36
"	John Uwanah	2	2	5	6½	9	58½	38	58½
"	Pidgeon	2	5	4	9	9	81	54	81
"	~~[illegible]~~ Susannah	1	1	2	3	9	27	18	~~27~~
"	Whattle bury		2	2	3	9	27	18	~~27~~
"	Toosa waso la tah	1	2	6	6	9	54	36	54
"	Pheasant	2	1	6	6	9	54	36	54
"	Susannah	1	1	3	3½	9	31½	20	31½
"	Stop	4	5	4	11	9	99	66	99
"	Quale uchа	3	3	-	6	9	54	36	54
	Return No. 14	17	23	36	58	9	522	346	495

64)

Roll Continued May 1837

1837 May	Names	Men	Women	Children	Rations	Days	Rations Total	Bacon	Corn
20	Jesse Halfbreed	2	3	5	7½	4	30	20	30.
"	Cohtakawi	3	1	2	5	4	20	14	20.
"	[illegible]tolee	2	2	5	6½	4	26	16	26
"	Chowe yuca	-	2	2	3	4	12	8	12
"	Katy		3		3½	4	12	8	12
"	Fling it away	1	2	1	3½	4	14	9	14
"	John [illegible]Ukevanah	1	1		2	4	8	6	8
"	Sam (Pr. Lizzy)	2	1	4	5	4	20	13	20
"	Setting up Hedgecorn	1	1	5	4½	4	18	12	18
"	Betsy Six Killer	2	4	2	7	4	28	19	28
"	Jack [illegible] wife		1	1	1½	4	6	4	6
"	Going Panther	1	-	-	1	4	4	4	4
"	Little Hog	2	3	2	6	4	24	2[illegible]	24
"	John	1	-	-	1	4	4	3	4
"	Ellick Cutt	3	2	3	6½	4	26	17	26
22	Chowe yu rah		2	-	2	4	8	6	8
"	George Falling	4	1	3	6½	4	26	20	~~[illegible]~~
"	Quatee Murphy	2	1	2	4	4	16	11	16
"	Luke Murphy	.	-	2	1	4	4	3	4
"	Kahnatllah	3	2	-	5	4	20	14	20
"	Nancy	1	2	3	4½	4	18	12	18
"	Cullaseo	1	1	-	2	4	8	6	8
"	Whirlwind	2		-	2	4	8	~~8~~	8
"	Tiwaskillee	1	[illegible]	2	3	4	12	8	12
"	Sally		4	1	4½	4	18	12	18
23	Rahatee	1	2	1	3½	4	14	9	14
	Nanny		2	3	3½	4	14	9	14
	Jack Waterhunter	1	2	6	6	4	24	16	24
	Jimmy	3	2	2	6	4	24	16	24
	Jinny	1	1	4	4	4	16	10	16
		41	49	61	120½	4	482	325	456

Carried for[illegible]

Scott Continued May 1837 (65

1837	Names	Men	Women	Children	Rations entitled to	Days	Total Rations	Bacon	Corn
	Brought forward	41	49	61	120½	4	482	375	456
May 23	Fish	1	1	4	4	4	16	10	16
"	Betsy	2	2	2	5	4	20	14	20
"	Aiky	–	1	3	2½	4	10	7	10
"	Rabit	2	1	2	4	4	16	10	16
"	Peggy	–	2	4	4	4	16	10	16
"	Hawk	3	2	1	5½	4	22	15	22
"	Tom	1	1	2	3	4	12	8	12
"	Cunseenah	1	2	3	4½	4	18	12	18
"	Pidgeon Sifter	2	4	3	7½	4	30	20	30
"	Gaiscauhnee	1	1	2	3	4	12	8	12
"	Sixkillers	2	1	1	3½	4	14	9	14
"	Jack Will	2	3	–	5	4	20	14	20
"	Aiky Foster	2	2	5	6½	4	26	16	26
"	Noochowee	2	1	1	3½	4	14	9	14
"	Nelly	2	3	2	6	4	24	16	24
"	Tesawiskee	1	2	2	4	4	16	10	16
"	Fool Peter	5	2	1	7½	4	30	20	30
"	Blue Bird (by F.P.)	1	1	–	2	4	8	6	8
"	Ahnoiyohkee		1	3	2½	4	10	[illegible]	10
	Sutteeyah	1	1	2	3	4	12	8	12
	Skittahee	1	3	1	4½	4	18	12	18
	Canishukee	1	1	3	3½	4	14	10	14
	Ooteye	–	1	3	2½	4	10	6	10
	Ti sis kee	2	2	1	4½	4	18	[illegible]	18
		76	90	112	222	4	888	594	862

Return No. 15.

(66)

Roll continued —

1837	Names	Men	Women	Children	Rations per day	Day	Rations Flour	Rations Bacon	Rations Corn
May 24	John Uwanaz	1	1		2	5	10	7	10
"	Dog toter	2	2	5	6½	5	32½	21	32½
"	Tom Foster	1	1	1	2½	5	12½	8	12½
"	Setting up Pidgeon	1	1	5	4½	5	22½	15	22½
"	Sam (for Lizzy)	2	1	4	5	5	25	16	25
"	Jesse Halfbreed	2	3	5	7½	5	37½	25	37½
"	Fling it away	1	2	1	3½	5	17½	12	17½
"	Cohtaka wa —	3	1	2	5	5	25	16	25
"	Betsy Sixkiller	2	4	2	7	5	35	24	35
"	Little Hog	2	3	2	6	5	30	22	30
"	Elliek Tutt	3	2	3	6½	5	32½	24	32½
"	Downing	1	—	—	1	5	5	4	[illegible]
"	John	1	..	.	1	5	5	4	5
"	Catcher	3	3	4	8	5	40	36	40
"	Aota cah tah	1	2	5	5½	5	27½	18	27½
25	Polly	1	2	—	3	5	15	10	15
		27	28	39	74½	5	372½	262	367½
	Return No 16								
26	Skimit	1	3	5	6½	4	26	18	26
"	Ground Hog	1	—	2	2	4	8	6	8
"	Nahmalttlah	3	2	-	5	4	20	13	20
"	~~Jack Waterhunter~~	~~1~~	~~2~~	~~6~~	~~6~~	~~4~~	~~24~~	~~16~~	~~24~~
"	Sockinne	2	2	—	4	4	16	10	16
"	Tiwackillee	1	1	2	3	4	12	8	12
"	Sally	1	2	[illegible]	3½	4	14	9	14
"	George Talling	4	1	3	6½	4	26	18	[illegible]
"	Turkee Murphy		..	2	1	4	4	4	4
..	Gaiscauhne	1	1	2	3	4	12	8	12
27	Jack Waterhunter	1	2	6	6	4	24	16	24
	Carried forward	15	14	23	40½	4	162	110	136

Roll Continued, — 67

Date 1837.	Names	Men	Women	Children	Rations entitled	Days	Rations total	Rations Bacon	Rations Corn
May 29	Brought forward	15	14	23	40½	4	162	110	136
"	Johnson	2	-	-	2	4	8	6	8
"	Hoochoowee	2	1	1	3½	4	14	10	14
"	Nelly	2	3	2	6	4	24	16	24
"	Fool Peter	1	2	7	7½	4	30	20	30
"	Tesawiskee	1	2	2	4	4	16	10	16
"	Nanny		2	3	3½	4	14	9	14
"	Peggy		2	4	4	4	16	11	16
"	Sutteeyah	1	1	2	3	4	12	8	~~12~~
"	Pidgeon Lifter	2	4	3	7½	4	30	20	30
"	Jinny	1	1	4	4	4	16	11	16
"	Fish	1	1	4	4	4	16	11	16
"	Kahketah	2	1	2	4	4	16	11	16
"	Aiky		1	3	2½	4	10	7	10
"	Tom	1	1	2	3	4	12	8	12
"	Aiky Foster	2	2	5	6½	4	26	17	26
"	Hawk	3	2	1	5½	4	22	14	22
"	Ah noo yoh hee		1	3	2½	4	10	7	10
"	Nancy	-	1	-	1	4	4	3	4
"	Betsy	2	2	2	5	4	20	13	20
"	Te us kee	2	2	1	4½	4	18	12	18
"	Quatie Murphy	2	1	2	4	4	16	11	16
"	Leaf	1	2	-	3	4	12	8	12
"	Cullosee	1	1	-	2	4	8	6	8
29	Sam (Pr. Lizzy)	2	1	4	5	4	20	14	20
"	Fling it away	1	2	1	3½	4	14	9	14
"	John Uwenah	1	1		2	4	8	5	8
"	Betsy Sixkiller	2	4	2	7	4	28	18	28
"	Jesse Halfbreed	2	3	5	7½	4	30	20	30
"	Keytoter	2	2	5	6½	4	26	16	26
	Carried forward	58	63	87	164½	4	658	441	620

68 No. Roll continued May 1837.

1837	Names	No. of Men	" Women	" Children	" Rations entitled	" Days	" Rations Total	" Rations of Bacon	" Rations of Corn
May	Brought forward	58	63	87	164½	4	658	441	620
29	Setting up Pidgeon	1	1	5	4½	4	18	12	18
"	Ellick Tate	6	2	3	9½	4	38	25	38
"	Little Hog	2	3	2	6	4	24	16	24
"	Little Anny	3	3	4	8	4	32	21	32
"	Oohtakaiva	3	1	2	5	4	20	13	20
"	~~[illegible]~~ Sound	1	1	3	3½	4	14	9	14
30	Sally	—	4	1	4½	4	18	12	18
"	Catcher	3	3	4	8	4	32	21	32
"	George Falling	4	1	3	6½	4	26	17	26
"	Gaycaukne	1	2	3	4½	4	18	12	18
"	Nahneetlah	3	2	—	5	4	20	14	20
"	Chinnuhqua	1	2 (1)	2	4	4	16	10	16
"	Wattie (& daughter)	—	2	2	3	4	12	8	12
"	Sixkiller	2	1	1	3½	4	14	10	14
"	Tewaskillee	1	1	2	3	4	12	8	12
"	Deganie	—	1	1	1½	4	6	4	6
	Return No. 17	89	93	125	244½	4	978	645	940

Roll Continued May 1837 (69

Date 1837	Names	No. of Men	" Women	" Children	" Rations entitled to	" Days	" Rations Total	" Rations of Bacon	" Rations of Corn
May 27	Jimmy	3	2	2	6	10	60	40	60
"	Rabbit	2	1	2	4	10	40	27	40
29	Dick or Little Dick	2	2	5	$6\frac{1}{2}$	10	65	41	65
	Ounneenah (by the last)	1	1	2	3	10	30	20	30
(31)	Going back. —	3	2	7	$8\frac{1}{2}$	10	85	56	[illegible]
30	Oosowee	3	4	2	8	10	80	53	80
31	Fish	1	1	4	4	10	40	27	40
	Tom	1	1	2	3	10	30	20	30
"	Aiky		1	3	$2\frac{1}{2}$	10	25	17	25
"	Toosawaulatah	1	2	6	6	10	60	40	60
"	Jenny	1	1	4	4	10	40	27	40
	Sour Bark	2	2	2	5	10	50	33	[illegible]
		20	20	41	$60\frac{1}{2}$	10	605	401	470

Roll No. 18 —

Date	Names	No. of Men	Women	Children	Rations entitled to	Days	Rations Total	Rations of Bacon	Rations of Corn
31	Johnson	2	1	–	3	5	15	10	15
"	Jack Waterhunter	1	2	6	6	5	30	20	30
"	Leaf	1	2	–	3	5	15	10	15
"	Aiky Foster	2	2	5	$6\frac{1}{2}$	5	$32\frac{1}{2}$	21	$32\frac{1}{2}$
"	Nanny		2	3	$3\frac{1}{2}$	5	$17\frac{1}{2}$	12	$17\frac{1}{2}$
"	Fool Peter	5	2	1	$7\frac{1}{2}$	5	$37\frac{1}{2}$	25	$37\frac{1}{2}$
"	Aknooyohke		1	3	$2\frac{1}{2}$	5	$12\frac{1}{2}$	8	$12\frac{1}{2}$
"	Coo kin ne	2	2	–	4	5	20	13	20
"	Nelly	2	3	2	6	5	30	20	30
"	Quatie Murphy	2	1	2	4	5	20	13	20
"	Cullosee	1	1	–	2	5	10	7	10
"	Trick	3	2	1	$5\frac{1}{2}$	5	$27\frac{1}{2}$	18	$27\frac{1}{2}$
"	Tesawiskee	1	2	2	4	5	20	13	20
"	Jack Will	2	3	–	5	5	25	17	25
"	Pidgeon Sifter	2	4	3	$7\frac{1}{2}$	5	$37\frac{1}{2}$	25	$37\frac{1}{2}$
"	Betsey	2	2	2	5	5	25	17	25
"	Peggy	[illegible]	2	4	4	5	20	13	20
"	Blue Bird	1	1	–	2	5	10	7	10
"	Noochowee	2	1	1	$3\frac{1}{2}$	5	$17\frac{1}{2}$	12	$17\frac{1}{2}$
"	Old —	2	1	4	5	5	25	17	25
		33	37	39	$89\frac{1}{2}$	5	$447\frac{1}{2}$	298	$447\frac{1}{2}$

72

Roll continued. May 1837.

1837	Names	No. of Men	No. Women	No. Children	No. Rations entitled to	No. Days	No. Rations Total	No. Rations of Bacon	No. Rations of Corn	No. Ration of Corn Meal
	Brought over	33	37	39	89½	5	447½	298	447½	
May 31	Ootiye	–	1	3	2½	5	12½	8	12½	
"	Sutteeyah	1	1	2	3	5	15	10	15	
"	[illegible]keest	2	2	1	4½	5	22½	15	22½	
"	Kahatie	1	2	1	3½	5	17½	11	17½	
		37	43	46	103	5	515	342	500	

Recapitulation

Date	No. of Return	Commencing		Men	W.	Chd						
	1	May	1	88	94	109	236½	4	—	946	876	
	2	"	3	19	21	23	51½	5		257½	257½	
	3	"	4	83	95	121	238½	4		954	910	
	4	"	6	4	6	7	13½	8		108	108	
	5	"	9	26	13	46	82	4		328	172	
	6	"	10	45	44	55	116½	5		582½	367½	
	7	"	11	2	2	5	6½	8		52	52	
	8	"	11	51	52	64	135	4		540	344	196
	9	"	13	12	20	36	52	8		298	225	135
	10	"	13	81	103	114	241	4		647	304	638
	11	"	17	16	15	27	44½	5		158	190	
	12	"	18	53	65	79	157½	4		421	630	
	13	"	19	7	6	17	21½	8		116	184	
	14	"	21	17	23	36	58	9		346	495	
	15	"	20	76	90	112	222	4		594	862	
	16	"	24	27	28	39	74½	5	–	262	367½	
	17	"	26	89	93	125	244½	4	—	64[illegible]	940	
	18	"	27	20	20	41	60½	10	—	40[illegible]	[illegible]	
	19	"	31	37	43	46	103	5		342	500	
	19	Total Rations					–			7998	8174½	96[illegible]
										lbs	Bush	Bush
		Quantity in Bulk					–			5998½	18[illegible]	22[illegible]

Roll continued – ~~Aug~~ June 1837 (71

1837	Names	No. of Men	" Women	" Children	" " Rations entitled to	No. of days	" " Rations Total	" " Rations Bacon	Rations of Corn
June 1	John Doherty	2	2	12	10	8	80	54	80
"	Titiye Groves	2	2	4	6	8	48	32	48
"	Pheasant	2	1	6	6	8	48	32	48
"	~~Two Fish~~	~~1~~	~~1~~	~~1~~	~~2½~~	~~4~~	~~10~~	~~7~~	~~10~~
"	~~[illegible]~~	~~[illegible]~~	~~[illegible]~~	~~[illegible]~~	~~5~~				
2	Nickootiye	2	2	3	5½	8	44	30	~~44~~
"	Renelee	1	2	5	5½	8	44	30	44
5	John Go about	—	1	3	2½	8	20	14	~~20~~
"	Kahatee Jr	2	2	2	5	8	40	28	40
"	Oo u sut tah tee	2	2	4	6	8	48	32	~~48~~
"	Standing there	1	1	4	4	8	32	21	~~32~~
6	Jimmy	3	2	2	6	8	48	32	48
"	Rabbit	2	1	2	4	8	32	21	32
7	John Uwanah	2	2	5	6½	8	52	34	52
"	Teconneeske	1	1	4	4	8	32	21	32
9	Oosowee	3	4	2	8	8	64	42	64
10	Going Back	3	2	7	8½	8	68	46	~~68~~
"	John Shatteen	1	1	3	3½	8	28	19	28
"	Oolacatah	1	2	5	5½	8	44	28	44
"	John Doherty	2	2	12	10	8	80	54	80
"	Titiye Graves	2	2	4	6	8	48	32	48
"	Keke	3	2	4	7	8	56	37	56
10	Jinny	1	1	4	4	8	32	21	32
"	Aiky	—	1	3	2½	8	20	14	20
"	Kenetige	1	2	5	5½	8	44	29	44
"	Lorn	1	1	2	3	8	24	16	24
"	Fish	1	1	4	4	8	32	21	32
Return No. 1		41	42	111	138½		1108	740	896

72) Roll continued June 1837.

Date 1837	Names	No. of Men	" " Women	" " Children	" " Rations entitled to	" " Days	" " Rations Total	" " Rations of Bacon	" " Rations of Corn
June 1	Tom Foster	1	1	1	2½	4	10	7	10
"	Aota Estah	1	2	5	5½	4	22	14	22
"	Toony	2	1	1	3½	4	14	10	14
"	Whiteman	2	2	3	5½	4	22	15	22
2	Clem Foster	1	2	–	3	4	12	8	12
"	Jesse Halfbreed	2	3	5	7½	4	30	20	30
"	Hogtoter	2	2	5	6½	4	26	17	26
"	Betsy Sixkiller	2	4	2	7	4	28	18	28
"	~~Catcher~~	~~3~~	~~3~~	~~4~~	~~8~~	~~4~~	~~32~~	~~20~~	~~32~~
"	Catcher (below)	3	1	2	5	4	20	14	20
"	Fling it away	1	2	1	3½	4	14	10	14
"	John Uwanah	1	1	–	2	4	8	6	8
"	Sitting up Ridge	1	1	5	4½	4	18	12	18
"	Cound	1	1	3	3½	4	14	10	14
3	Geiscawh ne	1	2	3	4½	4	18	12	18
"	Catcher	3	3	4	8	4	32	20	32
"	George Falling	4	1	4	7	4	28	18	28
"	Nahnailah	3	2	2	5	4	20	14	20
"	Sixkiller	2	1	1	3½	4	14	10	14
"	Ellick Tutt	6	2	3	9½	4	38	25	38
"	Little Hog	2	2	2	4	4	16	10	16
"	Little Army	3	3	4	8	4	32	21	32
"	Sally	–	4	1	4½	4	18	12	18
"	Chinnuckqua	1	1	2	3	4	12	8	12
"	Sam	2	1	4	5	4	20	14	20
"	Bear cover	1	1	.	2	4	8	5	8
Carried forward		47	40	61	123½	4	494	330	494

Roll continued — June 1837 (73

Date	Names	No. of Men	" " Women	" " Children	" " Rations in all	" " of Days	" " Rations Total	" " Rations Bacon	" " Rations of Corn
1837									
	Brought forward	47	46	61	123½	4	494	330	494
June 5	John Shatteer	1	1	2	3½	4	14	10	14
"	Nelly	2	3	2	6	4	24	16	24
	Tesatoiskee	1	2	2	4	4	16	11	16
"	Fool Peter	5	2	1	7½	4	30	20	30
"	Pidgeon Lifter	2	4	3	7½	4	30	20	30
	Barrow	10	4	3	15½	4	62	40	62
"	Kahatee Sen.	1	2	1	3½	4	14	10	14
	Nanny		2	3	3½	4	14	10	14
"	Ooliye		1	3	2½	4	10	7	10
"	Tiocker	2	2	1	4½	4	18	12	18
"	Blue Bird	1	1		2	4	8	5	8
	Ooh	2	1	4	5	4	20	13	20
"	Aiky Foster	2	2	5	6½	4	26	17	26
"	Hawk	3	2	1	5½	4	22	15	22
"	Jack Waterhunter	1	2	6	6	4	24	16	24
	Ahnoo yohe		2	3	3½	4	14	10	14
"	Tuwoskillee	1	1	2	3	4	12	8	12
"	Oota cah tah	1	2	5	5½	4	22	14	22
"	Jack Well	2	3	-	5	4	20	13	20
"	Leaf	1	2	1	3	4	12	8	12
"	Lualee Murphy	2	1	2	4	4	16	11	16
"	Cullofsee	1	1		2	4	8	5	8
"	Wuttee	1	1		2	4	8	5	8
"	~~Standing then Loony~~	~~2~~	~~1~~	~~1~~	~~3½~~	~~4~~	~~14~~	~~10~~	~~14~~
	Jack & wife	1	1	1	2½	4	10	6	10
"	Oowattee	-	2	2	3	4	12	8	12
"	Whiteman	2	2	3	5½	4	22	14	22
"	Nahchcah	1	2	4	5	4	20	13	20
"	Sockinne	2	2	-	4	4	16	10	16
"	Betsy	2	2	2	5	4	20	13	20
		[illegible]	[illegible]	[illegible]	[illegible]	4	1038	691	1024

74) Roll continued June 1837.

Date 1837	Names	Men	Women	Children	Rations entitled to	Days	Rations total	Rations of Bacon	Rations of Corn
	Brought forward	97	101	123	259½	4	1038	691	1024
June 6	Noochowee	2	1	1	3½	4	14	10	14
	Sound	1	1	3	3½	4	14	10	14
"	Jake Halfbreed	2	3	5	7½	4	30	20	30
"	Clem Foster	1	2	–	3	4	12	8	12
"	John Uwanah	2	1	–	3	4	12	8	12
"	Hogteller	2	2	5	6½	4	26	17	26
"	Fling it away	1	2	1	3½	4	14	9	14
"	Setting up Pidgeon	1	1	1	4½	4	18	12	18
"	Betsy Sixkiller	3	4	2	8	4	32	20	32
"	Tom Foster	1	1	1	2½	4	10	7	10
	Catcher	3	1	2	5	4	20	13	20
"	Ka he tah	2	1	2	4	4	16	13	16
"	Theif	1	1	–	2	4	8	5	8
"	Betsy (Robin wife)	2	2	3	5½	4	22	14	22
		121	124	153	321½	4	1286	857	1272
	Return No. 2								
		121	124	153					
7	Gaiscaugne	1	3	3	5½	5	27½	18	27½
"	George Falling	4	3	4	7	5	35	24	35
"	Catcher	3	3	4	8	5	40	26	40
"	Chinnukgue	1	1	2	3	5	15	10	15
"	Sam	2	1	4	5	5	25	16	25
"	Nahnatlah	3	2	–	5	5	25	16	25
"	Ellick Tutt	6	2	3	9½	5	47½	31	47½
"	Little Hog	1	2	2	4	5	20	13	20
"	Sally	–	4	1	4½	5	22½	15	22½
"	Bear coner	1	1	–	2	5	10	6	10
"	Six killer	2	1	1	3½	5	17½	12	17½
	Carried forward	24	21	24	57		285	187	285

Roll continued June 1837. (75)

1837 Names	Men	Women	Children	Rations entitled to	Days	Rations Total	Rations of Bacon	Rations of Corn
Brought forward	24	21	24	57	5	285	187	285
Returns No 3	24	21	24	57		285	187	285
June Nanny	–	2	3	3½	4	14	9	14
" Rahatee Senr	1	2	1	3½	4	14	9	14
" Fool Peter	5	2	1	7½	4	30	20	30
" Hawk	3	2	1	5½	4	22	14	22
" Quatee Murphy	[illegible]	[illegible]	[illegible]	4	4	16	11	16
" Blue Bird	1	1	–	2	4	8	5	8
" Teeaske	2	2	1	4½	4	18	12	18
" Nelly	2	3	2	6	4	24	16	24
" Teeawiskee	1	2	2	4	4	16	11	16
" Ootiye	–	1	3	2½	4	10	7	10
" Old	2	1	8	7	4	28	18	28
" Cullosee	1	1	–	2	4	8	5	8
" Wuttie	1	1	1	2½	4	10	7	10
" Ahnooyohe		1	3	2½	4	10	7	10
" Lucy Foxbiter	1	2		3	4	12	8	12
" Pidgeon Lifter	2	4	3	7½	4	30	20	30
" Sockinno	2	2	–	4	4	16	11	16
" Leaf	1	2		3	4	12	8	12
" Barrow	10	4	3	15½	4	62	40	62
" Betsy	2	2	2	5	4	20	14	20
" Jack Waterhunter	1	2	6	6	4	24	16	24
" Peggy		2	4	4	4	16	11	16
" Aiky Foster	2	1	5	5½	4	22	14	22
" Ahne	1	1	2	3	4	12	8	12
" Whitemankiller	2	2	3	5½	4	22	14	22
Carried over	45	46	36	119		476	315	476

76) Roll continued June 1837.

Date 1837	Names	Men	Women	Children	Rations entitled to	Days	Rations total	Rations Bacon	Rations in Corn	Rations of Corn Meal
	Brought over	43	46	56	119	4	474	318	476	
June 10	Jesse Halfbreed	2	3	5	7½	4	30	20	30	
"	Hogtoter	2	2	5	6½	4	26	18	26	
"	Clem Foster	1	2	-	3	4	12	8	12	
"	Noochower	2	1	1	3½	4	14	9	14	
"	Fling it away	1	2	1	3½	4	14	9	14	
"	John Uwanah	2	1	-	3	4	12	8	12	
"	Sound	1	1	3	3½	4	14	9	14	
"	Sitting up Pidgeon	1	1	5	4½	4	18	12	18	
"	Betsy Sixkiller	3	4	2	8	4	32	24	32	
"	Tom Foster	1	1	1	2½	4	10	7	10	
"	Catcher	3	1	2	5	4	20	14	20	
12	Betsy Gaiscaune	2	3	4	7	4	28	18	~~28~~	28
"	Sixkiller	2	1	1	3½	4	14	10	~~14~~	14
"	Tewaskeller	1	1	2	3	4	12	8	—	12
"	Sally	-	4	1	4½	4	18	12	-	18
"	Chinnukgue	1	1	2	3	4	12	8		12
"	Sam (Grizzly)	2	1	4	5	4	20	14		20
"	Bear covers	1	1	-	2	4	8	5		8
"	George Falling	4	1	4	7	4	28	18	28	~~28~~
"	Catcher	3	3	4	8	4	32	21		32
"	Nahnail ah.	3	2	—	5	4	20	14		20
"	Ellick Tutt	4	2	2	7	4	28	18		28
"	Little Hog	1	2	2	4	4	16	11		16
"	Sutteyah	1	1	2	3	4	12	8		12
"	Jack	4	3	4	9	4	36	24		36
13	Ahnooyohe	-	1	3	2½	4	10	7		10
"	Aiky Foster	2	1	5	5½	4	22	14		22
	~~Lucy Foster~~									
	Carried forward	98	93	121	248½		994	663	706	288
								663	706	288

****

Roll Continued June 1837 (77)

Date 1837	Names	Men	Women	Children	Rations	Days	Rations of Flour	Rations of Bacon	Rations of Corn	Rations of Corn Meal
June	Brought forward	98	93	171	248½	4	994	663	706	288
13	Tool Peter	5	2	1	7½	4	30	20	~~30~~	30
"	Kahatee Senr.	1	2	1	3½	4	14	10		14
"	Blue Bird	1	1	-	2	4	8	5		8
"	Ato	2	1	4	5	4	20	14	-	20
"	Dinah Rogers	1	2	6	6	4	24	16	-	24
"	Nelly	2	3	2	6	4	24	16	-	24
"	Jack Waterhunter	1	2	6	6	4	24	16	-	24
"	Ootiye	-	1	3	2½	4	10	7	-	10
"	Tiookee	2	2	1	4½	4	18	12	-	18
"	Peggy	-	2	4	4	4	16	8	-	16
"	Quatie Murphy	2	1	2	4	4	16	10	-	16
"	Cullofee	1	1	.	2	4	8	6	-	8
"	Leaf	1	2	.	3	4	12	8		12
"	Wuttee	1	1	1	2½	4	10	7	-	10
"	Tah tahahzee	3	1	3	5½	4	22	15	-	22
"	Pidgeon Lifter	2	4	3	7½	4	30	20	-	30
"	Barrow	10	4	3	15½	4	62	40		62
	Jack Will	2	3	-	5	4	20	14		20
"	Tiyoohah	2	-	-	2	4	8	6		8
"	Cochinnie	2	2	-	4	4	16	11		16
	Betsy	2	2	2	5	4	20	13		20
		138	132	163	351½	4	1406	937	706	760

Return No 4

78) C. Nott Continued June 1837

Date 1837	Names	Men	Women	Children	Rations entitled to	Days	Rations total	Rations of Bacon	Rations of Corn	Rations of Corn Meal
June 11	Waulalah	2	11	4	7	8	56	37	56	
"	Whortleberry		2	2	3	8	24	16	24	
"	Betsy (Robins wife)	2	2	3	5½	8	44	30	-	44
12	Torsawautalah	1	2	6	6	8	48	32		48
"	Pleasant -	2	1	6	6	8	48	32	-	48
13	Rahatte Jr.	2	2	2	5	8	40	25	-	40
14	Jimmy	3	2	2	6	8	48	32	48	~~48~~
"	Rabbit	2	1	2	4	8	32	21		32
16	~~Little~~ Dick ~~[illegible]~~	2	2	5	6½	8	52	34		52
17	Going Back	3	2	7	8½	8	68	44		68
"	John Shatteen	1	1	3	3½	8	28	18		28
		20	21	40	61	8	488	321	128	360

Return. No. 45

[illegible] continued [illegible] 1837. 79

Date	Names	[illegible]	[illegible]	[illegible]	[illegible]	[illegible]	[illegible]	[illegible]	[illegible]	[illegible]
1837										
[June] 14	Hound	1	1	3	3½	5	17½	12	"	17½
"	Setting up Pidgeon	1	1	5	4½	5	22½	15		22½
"	Hogtoter	2	2	5	6½	5	32½	21		32½
"	Fling it away	1	2	1	3½	5	17½	12		17½
"	John (old man)	5	1	–	6	5	30	20		30
"	Tom Foster	1	1	1	2½	5	12½	8		12½
"	Jesse Halfbreed	2	3	5	7½	5	37½	25		37½
"	John Uwanah	2	1	–	3	5	15	10		15
"	Ahne	1	1	2	3	5	15	10	3	12
"	Noochowe	2	1	1	3½	5	17½	12	17½	~~17½~~
"	Catcher	3	1	2	5	5	25	17	25	
"	Betsy Sixkiller	3	4	2	8	5	40	27	40	
"	~~Loony~~ Jack	2	1	6	3½	5	17½	12	17½	
"	Clem Foster	1	2	–	3	5	15	10	15	
		27	22	28	63	5	315	211	118	197

Return No. 6.

~~79~~ 80

Roll Continued June 1837

Date 1837	Names	No. of Men	No. of Women	No. of Children	No. of Rations entitled to	No. of Days	No. of Rations entitled to	No. of Rations of Bacon	No. of Rations of Corn	No. of Rations of Corn Meal
June 15	Nanny	–	2	3	3½	4	14	10		14
"	Toony	1	1	–	2	4	8	6		8
"	Hawk	3	2	1	5½	4	22	14		22
16	Nahwalah	3	2	–	5	4	20	14		20
"	Sally		4	1	4½	4	18	12		18
"	Sam (for Lizzy)	2	1	4	5	4	20	14		20
"	Chinnukqua	1	1	2	3	4	12	8		12
"	Tewaskiller	1	1	2	3	4	12	8		12
"	Bearcover	1	1	–	2	4	8	6		8
"	Oo u suttah	2	2	4	6	4	24	16		24
17	Nelly	2	3	2	6	4	24	16		24
"	Gus cauh sie	2	3	4	7	4	28	18		28
"	Sixkiller	2	1	1	3½	4	14	10		14
"	Oowattie	–	2	2	3	4	12	8		12
"	Kahatee Lw	1	2	1	3½	4	14	10		14
"	Jack Waterhunter	1	2	6	6	4	24	16		24
"	Peggy		2	4	4	4	16	11		16
"	Bd	2	1	4	5	4	20	13		20
"	Tusiwiskee	1	2	2	4	4	16	11		16
"	Pidgeon Lifter	2	4	3	7½	4	30	20		30
"	Fool Peter	5	2	1	7½	4	30	20		30
"	Sutteeyah	1	1	2	3	4	12	8		12
"	Barrow	10	4	3	15½	4	62	41		62
"	Quatie Murphy	2	1	2	4	4	16	11		16
"	Cullofsee	1	1	–	2	4	8	6		8
"	Wuttie	1	1	1	2½	4	10	6		10
"	Lewis Bark	1	–	–	1	4	4	4		4
"	Ellick Tutt	4	2	2	7	4	28	18		28
"	Little Hog	1	2	2	4	4	16	10		16
	Carried forward	53	53	59	135½	4	542	365		542

Still continued June 1837 (81)

Date 1837	Names	No. of Men	No. of Women	No. of Children	No. of Rations entitled to	Days	No. Rations Total	No. Rations Bacon	No. Rations Corn	No. Rations Corn Meal
	Brought forward	53	53	57	135½	4	542	365		542
17	Leaf	1	2	–	3	4	12	8	–	12
"	Aotiye		1	3	2½	4	10	7		10
"	Sockinne	2	2	–	4	4	16	11		16
"	Teeske	2	2	1	4½	4	18	12		18
"	Betsy	2	2	2	5	4	20	13		20
		60	62	65	154½	4	618	416		618
	Return No. 7									
June 19	Henderson Harris	1	1	4	4	12	48	32		48
"	Oosowee	3	4	2	8	12	96	64	96	~~96~~
"	Waulatah	2	4	2	7	12	84	56	84	~~84~~
"	Tom	1	1	2	3	12	36	24		36
"	Cahuga	1	2	–	3	12	36	24		36
"	Fish	1	1	4	4	12	48	32		48 Bacon & Flour & ?
		9	13	14	29	12	348	232	180	168
	Return No. 8									
June 20	~~Kinetee~~ X	~~1~~	~~2~~	~~5~~	~~5½~~	~~11~~	~~60½~~	~~40~~	~~60½~~	
"	~~Betsy (Robins wife)~~	~~2~~	~~2~~	~~3~~	~~5½~~	~~11~~	~~60½~~	~~40~~	~~60½~~	
"	~~Jinny~~	~~1~~	~~1~~	~~4~~	~~4~~	~~11~~	~~44~~	~~28~~	~~44~~	
"	~~Aiky~~	~~–~~	~~1~~	~~3~~	~~2½~~	~~11~~	~~27½~~	~~18~~	~~27½~~	
"	~~Cheahkunah~~	~~3~~	~~2~~	~~2~~	~~6~~	~~11~~	~~66~~	~~44~~	~~66~~	
21	Kakatee Jr.	2	2	2	5	10	50	33		50
"	~~Letiya Beaver~~	2	2	4	6	10	60	40	–	60
"	~~Toosquanlateh~~	1	2	6	6	10	60	40		60
"	~~Pheasant~~	2	1	6	6	10	60	40		60
"	Oolatah	1	2	5	5½	10	55	36		55

82)

Roll continued June 1837

Date 1837	Names	[illegible]	Women	Children	Rations entitled to	Days	Rations total	Rations of Bacon	Rations of Corn	Rations Corn Meal
June 19	Lucy Foxbiter	–	1	1	1½	4	6	4		6
"	Annooyoke		1	3	2½	4	10	7		10
"	Tom	1	–		1	4	4	3		4
* "	Ailey Foster	2	1	5	5½	4	22	15		22
"	Dinah Rogers	1	2	6	6	4	24	16		24
"	Clem Foster	1	2		3	4	12	8		12
"	Jesse Halfbreed	2	3	5	7½	4	30	20		30
"	Catcher (below)	3	1	2	5	4	20	14		20
"	Susannah	–	2	–	2	4	8	6	–	8
"	Ahne	1	1	2	3	4	12	8		12
"	Tom Foster	1	1	1	2½	4	10	7		10
"	Hogtoter	2	2	5	6½	4	26	17		26
"	Hawk	3	2	1	5½	4	22	15		22
"	John Uwanah	2	1	–	3	4	12	8		12
"	Fling it away	1	2	1	3½	4	14	9		14
"	Betsy Sixkiller	3	4	2	8	4	32	21		32
"	Hound	1	1	3	3½	4	14	10		14
"	Setting up Pidgeon	1	1	5	4½	4	18	12		18
20	Catcher (Oost^a)	3	3	4	8	4	32	21		32
"	Jack Will	2	3	–	5	4	20	13		20
"	Nahnailah	3	2		5	4	20	13		20
"	George Falling	4	1	4	7	4	28	18		28
"	Noochowee	2	1	1	3½	4	14	10		14
"	Jack	1	1	1	2½	4	10	8		10
"	Sam (for Lizzy)	2	1	4	5	4	20	13	20	
	Chinnuckqua	1	1	2	3	4	12	8	12	
	Bear cover	1	1	–	2	4	8	6	8	
Carried forward		44	42	58	115	4	460	310	40	420
		44	42	58	115	4	460	310		

* commenced on the Bacon Bought of [illegible], and Reg. No. ... 5861 lbs. All the rest being Issued

Roll continued (82)

Date 1837	Names	Children	Women	Men	Rations in the Total	Days	Rations in Total	Rations of Bacon	Rations of Corn	Rations Corn Meal
	Brought forward	111	42	58	115	4	460	310	40	420
June 20	Sally		4	1	4½	4	18	12	18	
"	Toony	1	1	-	2	4	8	6	8	
"	~~Chickamauka~~	-	-	-	-	-	-	-	-	
		45	47	59	121½	4	486	328	66	420
	Return No. 9									
" 21	Nelly	2	3	2	6	5	30	20		30
"	Gaiscautene	2	3	4	7	5	35	23		35
"	Tesawiskee	1	2	2	4	5	20	13		20
"	Leat	1	2	-	3	5	15	10		15
"	Peggy	...	2	4	4	5	20	13		20
"	Jack Waterhunter	1	2	6	6	5	30	20		30
"	Sutteeyah	1	1	2	3	5	15	10		15
"	Quatie Murphy	2	1	2	4	5	20	13		20
"	Callopee	1	1	-	2	5	10	7		10
"	Ellick Tutt	4	2	2	7	5	35	24		35
"	Tewaskillee	1	1	2	3	5	15	10		15
"	Kahalee Sew.	1	3	1	4½	5	22½	15		22½
"	~~Tony~~ Barrow	10	4	3	15½	5	77½	51		77½
"	Sixkiller	2	1	1	3½	5	17½	12		17½
"	Olo	2	1	4	5	5	25	16		25
"	Betsy	2	2	2	5	5	25	16		25
"	Watter	-	1	-	1	5	5	3		5
"	Tinskee	2	2	1	4½	5	22½	15		22½
"	Ootiye.		1	3	2½	5	12½	9		12½
"	Oo Watter		2	2	3	5	15	10	15	~~15~~
"	Took Peter	5	2	1	7½	5	37½	24		37½
"	Pidgeon Lifter	2	4	3	7½	5	37½	24		37½
"	Blue bird	1	1	-	2	5	10	7		10
	Carried over	43	44	47	110½	5	552½	365	15	537½

84 Roll continued June 1837

Date 1837	Names	Men	Women	Children	Rations each	Days	Total	Rations of Bacon	Rations of Corn	Rations of Corn
	Brought over	43	44	47	110½	5	552½	365	15	537½
Jun 21	Sockinne	2	2	1	7½	5	37½	25		37½
"	Sally Haughs	—	1	—	1	5	5	4		5
"	John (old man)	1	2	3	4½	5	22½	15		22½
		46	52	51	123½	5	617½	409	15	602½
	Return No. 10									
June 20th	Kunetee	1	2	5	5½	11	60½	40	60½	
"	Betsy (Robbins wife)	2	2	3	5½	11	60½	40	60½	
"	Jimmy	1	1	4	4	11	44	28	44	
"	Aiky	—	1	3	2½	11	27½	18	27½	
"	Oheahmunah	3	2	2	6	11	66	44		
		7	8	17	23½	11	258½	170	192½	
	Return No. 11									
June 21	Kahatee Jr.	2	2	2	5	10	50	33		50
"	Sitiye Graves	2	2	4	6	10	60	40		60
"	Woosawaulatah	1	2	6	6	10	60	40		60
"	Pheasant	2	1	6	6	10	60	40		60
"	Ootalatah	1	2	5	5½	10	55	36		55
		8	9	23	28½	10	285	189		285
	Return No. 12									
22	Jimmy	3	2	2	6	9	54	36	54	
	Rabbit	2	1	2	4	9	36	24	36	
		5	3	4	10	9	90	60	90	
	Return No. 13									

****

Roll continued June 1837 (85

Date 1837	Names	[illegible]	[illegible]	Children	[illegible]	Days	[illegible]	[illegible] Bacon	[illegible] Corn	[illegible]	Rations of Flour
June 23	Tom Foster	1	1	1	2½	4	10	~~10~~ 7	–	–	10
"	Betsy Sixkiller	3	4	2	8	4	32	21			32
"	Aiky Foster	2	1	5	5½	4	22	15			22
"	Lucy Foxbiter	–	1	1	1½	4	6	4			6
"	Ahnooyohe		1	3	2½	4	10	6			10
"	Alno	1	1	2	3	4	12	8			12
"	Jesse Halfbreed	2	3	5	7½	4	30	20			30
"	Hogtoter	2	2	5	6½	4	26	17			26
"	Setting up Pidgeon	1	1	5	4½	4	18	12			18
"	Fling it away	1	2	1	3½	4	14	9			14
"	Clem Foster	1	2	–	3	4	12	8			12
"	Hawk	3	2	1	5½	4	22	15			22
"	Nanny		2	3	3½	4	14	10			14
"	John Uwoyesk	2	1	[illegible]	3	4	12	8			12
"	Catcher	3	1	2	5	4	20	14			20
"	Sound	1	1	3	3½	4	14	9			14
Recd in No 14		23	26	39	58	4	274	183	–		274
24	George Falling	4	1	4	7	7	49	32			49
"	Catcher	3	3	4	8	7	56	37			56
"	Little Dick	2	2	5	6½	7	45½	30			45½
"	Noochowe	2	1	1	3½	7	~~24½~~	15			~~24½~~
"	Sally (Dogwood flat)	–	3	–	3	7	21	14			21
"	Jack Wilb	2	3	–	5	7	35	24			35
"	Sally	–	4	1	4½	7	31½	21			31½
"	Sam (pr Lizzy)	2	1	4	5	7	35	24			35
"	Chunnukqua	1	1	2	3	7	21	14			21
"	Bearcover	1	1	–	2	7	14	9			14
"	Nahnailah	3	2	–	5	7	35	24			35
		20	22	21	52½	7	367½	244	–	–	367½

Return No 15

86.

Roll continued June 1837

Date 1837	Names	Men	Women	Children	Total	Days	Rations	Rations Bacon	Rations Beef	Rations Corn	Rations [illegible]
June 26	Gaircawne	2	3	4	7	5	35	10	15		3[illegible]
"	Jack waterhunter	1	2	6	6	5	30	8	12		3[illegible]
"	Lewaskille	1	1	2	3	5	15	—	10		1[illegible]
"	Kahatee Sew	1	3	1	4½	5	22½	8	10		22
"	Peggy [struck]	—	2	4	4	5	20	6	9		2[illegible]
"	Foll Peter	5	2	1	7½	5	37½	10	18		3[illegible]
"	Pidgeon Lifter	2	4	3	7½	5	37½	10	18	37½	[illegible]
"	Sutteeyah	1	1	2	3	5	15	—	15	15	[illegible]
"	Blue Bird	1	1	—	2	5	10	—	10		1[illegible]
"	Flying man	1	4	4	7	5	35	9	16		3[illegible]
"	Wuttee	—	1	—	1	5	5	—	5		[illegible]
"	Old	2	1	4	5	5	25	6	13		2[illegible]
"	Barrow	10	4	3	15½	5	77½	14	35	77½	
"	Ellick Tatt	8	3	2	12	5	60	20	20	60	
"	Quatee Murphy	2	1	2	4	5	20	4	12 [illegible]	20	
"	Leaf	1	2	—	3	5	15	4	[illegible]	15	
"	Callapsee	1	1	—	2	5	10	3	15	10	
"	Sixkiller	2	1	1	3½	5	17½	6	7	[struck]	1[illegible]
"	Betsy	2	2	2	5	5	25	9	9		2[illegible]
"	Teeeske	2	2	1	4½	5	22½	8	7		2[illegible]
"	John (oldman)	1	2	3	4½	5	22½	8	7		2[illegible]
	John Doherty	2	2	12	10	5	50	34		50	—
"	Ootiye	—	1	3	2½	5	12½	4	6		1[illegible]
"	Tonowe	1	1	1	2½	5	12½	4	7		1[illegible]
"	Little Hog	1	2	2	4	5	20	4	10		2[illegible]
"	Theif for Mr Rabbit	1	1	—	2	5	10	10			1[illegible]
		51	50	63	137½		662½	201	282	285	3[illegible]

Returned 16

Roll continued June 1837. (87.

Date 1837	Names	Men	Women	Children	Rations entitled to	Days	Rations of Salt	Rations of Bacon	Rations of Corn	Rations of Flour
June 27	Jesse Halfbreed	2	3	5	7½	4	30	20		30
"	Betsy Sixkiller	3	4	2	8	4	32	21		32
"	Settingup Pidgeon	1	1	5	4½	4	18	12		18
"	Hogtoter	2	2	5	6½	4	26	17		26
"	Fling it away	1	2	1	3½	4	14	10		14
"	Ahne	1	1	2	3	4	12	8		12
"	John Uwanah	2	1	–	3	4	12	8		12
"	Catcher	3	1	2	5	4	20	13	7	12 13 [struck out]
"	Sound	1	1	3	3½	4	14	10	14	[struck out]
"	Aiky Foster	2	1	5	5½	4	22	15	22	
"	Lucy Foxbiter		1	1	1½	4	6	4	6	
"	Ahnooyohe		1	3	2½	4	10	7	10	
"	Clem Foster	1	2	–	3	4	12	8	12	
"	Tom Foster	1	1	1	2½	4	10	7	10	
"	Dinah Rogers	1	2	6	6	4	24	18	24	
"	John Shatteen	1	1	3	3½	4	14	10	14	
"	Sockinne	2	5	1	7½	4	30	20	30	
"	Bowattie		2	2	3	4	12	8	12	
	Return No 17	24	32	47	79½	4	318	216	161	157

I Certify on honor that the above Roll is correct & that the Number of Rations have been Issued as therein set forth

A. S. Lanoir
Issuing Agent

		24	32	47	79½	4	318	216	161	157

318
106
212

Total Issued in June 1837.

	Rations of Bacon		Rations of Beef		Rations of Corn		Rations of Corn Meal		Rations of Flour		Rations of Salt	
Total Issued	5901		289		4394½		3350¾		1176		289	
	lbs	oz	lbs	oz	Bu	qts	Bu	qts	Bbl	lbs	Bu	qts
Quantity in Bulk	4425	12	289	—	103	—	78	16¾	6	—	—	11¾

5901
1475¼
4425¾

196)1176(6

Beef Sold 1837

Date	Names	lbs	at	$	cts	
Oct 6	Fitzpatrick	17	5		85	paid
	J. Ledford	12	5		60	pd
X	Barker	12½	5		62½	
	Buckhanan	22	5	1	10	pd
	Hale	20	5	1	00	pd
9 X	Barker	17	5		85	
	Sold	10	5		50	pd
	Smith	15	5		75	pd
10	Fitzpatrick	30½	5	1	53	
13	Ledford	14½	5		71	pd
	Fitzpatrick	25	5	1	25	pd
X	Hale	14	5		70	pd
17	Fitzpatrick	20½	5	1	02½	pd
20	Do	22	5	1	10	pd
X	Hale	16	5		80	pd
X	Littrel	19	5		95	
X 24	Hale	17½	5		87½	
X "	Littrell	24	5	1	20	
X 31	Littrell	19	5		95	
X "	Hale	20	5	1	00	
	Fitspatrick	27	5	1	35	paid
	J. Fitzpatrick	27½	5	1	37½	paid
		93½				
Nov X 7	Littrell	16¼	5		81¼	

Mr Jas. Adair Cr

Oct 6	3 qrs	259
9	2 do	208¾
13	2 do	109½
17	2 do	185½
20	2 do	166½
24	3	
27	3	

Crabtree

Crabtree

Lieut C. A. Howe

Capt

Crown point Tennessee

Doctor Townsend

Gen. Smith

Littrell

A Roll of the names of needy, poor and destitute Cherokee families drawing rations at New Echota Georgia, in the month of November 1837. [illegible] Issuing Agent.

Date 1837 Novr	Names	No. of Men	No. of Women	No. of Children	Rations entitled to	No. of Days	No. of Rations total	Rations of Bacon	Rations of Beef	Rations of Corn	Rations of Salt

A Roll of the names of heads of [illegible] Cherokee families drawing Rations at New Echota Georgia in the month of November 1837 [illegible] Young Agent

Date 1837 Nov	Names	No. of Men	" " Women	" " Children	" " Rations entitled to	" " Days	" " Rations Total	Rations of Bacon	Rations of Beef	Rations of Corn	Rations of Salt

Roll continued November 1837.

Date 1837 Novr	Names	No. of Men	" Women	" Children	" Children entitled to	" Days	" Rations total	Rations of Bacon	Rations of Beef	Rations of Corn	Rations of Salt
7	Jimmy	3	2	2	6	7	42	24	18	42	18
"	Rabbit	2	1	2	4	7	28	16	12	28	12
"	Sccunnaty	3	4	1	7½	7	52½	30	22½	52½	22½
"	Blue Bird	1	1		2	7	14	8	6	14	6
"	Kahatee	2	3	1	5½	7	38½	22	16½	38½	16½
"	Potatetah	1	2	5	5½	7	38½	22	16½	–	16½
"	Wm. Holcomb	2	2	4	6	7	42	24	18	–	18
"	John	1	2	3	4½	7	31½	18	13½	–	13½
"	Ola	2	1	4	5	7	35	20	15	–	15
"	Suttecuah	1	1	2	3	7	21	12	9	–	9
"	Potuckah	1			1	7	7	4	3	–	3
"	Teko	1	2	1	3½	7	24½	14	10½	–	10½
"	Oaknoskauske	1	3	2	5	7	35	20	15	–	15
"	Waterhunter	2	2	7	7½	7	52½	36	22½	52½	22½
"	Fish	1	1	4	4	7	28	25	3	28	3
"	Sauee	1	1	3	3½	7	24½	24½	—	24½	
"	Oowattie		2	2	3	7	21	21	–	–	
"	Aiky	2	1	3	4½	7	31½	31½		31½	
"	Tom	4	1	4	7	7	49	49		–	
"	Hawk	3	2	1	5½	7	38½	38½	–	–	
"	Setting a Pidgeon	2	2	4	6	7	42	42	–		
"	Jinny	1	1	4	4	7	28	28			
"	Culbige	–	2	4	4	7	28	28			
"	Cheahnunah	3	2	2	6	7	42	42			
"	Wacky		2		2	7	14	14	–	14	
"	Tom Foster	1	1	1	2½	7	17½	17½			
"	Little Dick	3	1	4	6	7	42	42			
	Return No. 1	44	45	76	124	7	868	666½	201	301½	201
14	Sccunnity	3	4	1	7½	7	52½	30	22½	52½	22½
"	Bluebird	1	1	–	2	7	14	8	6	14	6
"	Suttecyah	1	1	2	3	7	21	12	9	–	9
"	Sauee	1	1	3	3½	7	24½	14	10½	24½	10½
"	Sockinne	2	3	1	7½	7	52½	30	22½		22½
"	Rotiye		1	3	2½	7	17½	10	7½	17½	7½
"	Foxkiller	4	3	4	9	7	63	36	27	–	27
"	Kahatee	2	3	1	5½	7	38½	22	16½	38½	16½
"	Jimmy	3	2	2	6	7	42	24	18	–	18
"	Rabbit	2	1	2	4	7	28	16	12	–	12
"	John	1	2	3	4½	7	31½	18	13½		13½
"	Betsy	2	2	3	5½	7	38½	22	16½	38½	16½
"	Teko	1	2	1	3½	7	24½	14	10½	—	10½
"	Wm. Holcomb	2	2	4	6	7	42	24	18		18
"	Potatetah	1	2	5	5½	7	38½	22	16½		16½
"	Aiky	2	1	3	4½	7	31½	18	13½	31½	13½
"	Fish	1	1	4	4	7	28	16	12	[illegible]	12
"	Hawk	3	2	1	5½	7	38½	22	16½	[illegible]	[illegible]

Carried forward

New Echota Georgia

A Roll of Cherokees drawing Clothing and the quantity issued to each one

1838. 1838.

1838. 1838.

No. of Family	Names	Males No.	Females No.	Ages Years	Blankets No.	pr Shoes No.	Shirting Yds	Domestic Gingham Yds	Buttons Doz	Thread Skn	Needles Doz
	New Echota Geo										
	1.50 1.10 2.00 .15 2.40										
	Chattanooga										
	Chattanooga										
	Chattanooga										

Family	Names	Residence	Males	Females	Age	Blankets	Pr Shoes	Shirting	Domestic Stripe	Buttons	Thread	Needles	
No.									yds	Doz	Sks	Doz	
	January 27th 1836												
	Daniel Mills	Turniptown Floyd Co.	1		Ad	1	1						
	Aggy Mills			1	"	1	1						
	Goowe stah			1	5	-	1		2				
	Skaquah	Dirt Town Floyd Co Ga	1		Ad	1	1						
	Ah noo wa ga			1	Do	1	1						
	Archilla Smith	Racoon Town Floyd Co Ga	1		Ad								
	Aggy Smith			1	Ad	1	1	4	6				
	Rachel Smith			1	15	1	1	3	7				
	Ga ye na e Smith			1	10	½	1	3					
	Charles Smith		1		12	½	1						
	Ale ne Smith			1	8	½	1						
	Dah de u lah Smith			1	5	½	1						
	Lizzy Smith			1	3				2½				
	Tsah wah u gah Fields			1	Ad	1	1					½	
	Young Pigs (her husband)	Do	1		Ad								
	James Lowry	"	1		12	½	1	3					
	John	"	1		5	½	1	2					
	Nancy			1					2½				
	Carried over		7	11		10	14	15	20				

(7)

No. of Family	Date 1837 Jany	Names	Residence	Males No.	Females No.	Ages	Blankets No.	Pr. Shoes No.	Shirting yds	Dom. Gingham yds	Thread Sks	Buttons Doz	Needles Doz
	27	Brought over	Raccoon Town Floyd Co. Ga	7	11		10	14	15	20			½
	"	Dah ya ne Fields			1	Ad	1	1		5			
	"	Jonas Woodcock		1		Ad	1	1					
	"	Writer		1		3	½	1					
	"	Degungnah ga e		1	-	8 Mo.	½	-					
	27	Ailsy Downing	Do		1	Ad	1	1					
	"	Young Bird		1		Ad	1	1					
	"	Sarah			1	Ad	1	1					
	"	Thompson		1		10	–	1	2				
	27	Long Shell	Terrapin Cr. Ala	1		Ad	1	1					
	"	Nagu (his wife)			1	Ad	1	1					½
	"	Gah lo nung skee			1	Ad	1	1					½
	"	Susannah			1	Ad	1	1					½
	"	Ridge		1		10	½	1					
	"	Tsung gung wah les kee			1	8	½	1					
	"	George		1		6		1		3			
	27	Brush in Water	Running Water near of Ridges Floyd Co. Ga	1		Ad	1	1					
	"	Susannah (wife)			1	A	1	1					
	"	Godah quah skee		1		15	½	1					
	"	Tsah wah u gah			1	11	½	1					
	"	Levi		1		8	½	1					
	"	Nancy			1	4	½	1					
	27	Jacob Nicholson	Big Spring or Scalp Spring Cass Co. Georgia	1	-	Ad	1	1					
	"	Peggy Nicholson			1	Ad	1	1					½
	"	Abijah Hicks		1		16	-	-					
	"	Harriet B. Nicholson			1	4	-	-		3			
	"	Another Child			1		-	-		2			
		Carried over		20	24		27	36	17	33			2½

(3)

Family	Date 1837	Names	Residence	Males	Females	Ages	Blankets	Kettles [?]	Shirting	Domestic Gingham [?]	Thread	Buttons	Needles
No. f.	Jany			No.	No.		No.	No.	yds	yds	Sk.	Doz	Doz
		Brought over		20	24		27	36	17	33			2½
	27	Ahleguneyahtske	Chattooga Ala	1		Ad	1	1					
	"	Aaly (his wife			1	Ad	1	1					
	"	John		1		10	½	1					
	"	Betsy			1	6	½	1					
		Two other babes living		2						3			
	27	William Beamer	Paint Rock Ala.	1		Ad	1	1					
	"	Che yoh loh ske			1	Ad	—	—					
	"	Lydia			1	13	—	—					
	27	Aggy Elliot	Floyd Co. Ga		1	Ad	1	1	5				
	27	Polly Pott	New Echota		1	Ad	1	1	5				
	28	Sally Wrinkleside	Scalp Town Cass County Ga		1	Ad	1	1					
	"	Nelly			1	Ad	1	1					
	"	Nancy			1	Ad	1	1					
	"	Young Turkey		1		Ad	1	1					
	"	Watter Sivers				Ad	—	—					
	"	David		1		16	1	1					
	"	Jessee		1		14	1	1					
	"	Ratling Gourd		1		12	1	1					
	"	Martin		1		10	1	1					
	"	Chee coo wee			1	9	½	1					
	"	Sowin		1		7	½	1					
	"	Mink		1		5	½	1					
	"	Tatiyee			1	2½	½						
	"	Chor, wah, yoo, ca.		⊗	⊗	1½	—	—	—				
		Te, sah, tahs, kee		⊗	—	—							
		Carried over		32	35	34	43	54	27	36			2½

(5

Family	Date	Names	Residence	Males	Females	ages	Blankets	Prs. Shoes	Shirting	Domi Gingham	Thread	Buttons	Needles
No. of	1837			No.	No.		No.	No.	yds	yds	Skns	Doz	Doz
		Brought forward		47	44	—	62	75	29	42½	—	½	2½
	Jany 28	John Fields Jr.	Main Rd. divide on the Ala. road above Rome Floyd Co. Ga. Removed to Ala. near Chattooga	1		Ad	1	1					
	"	Susannah Fields			1	Ad	1	1					
	"	Jinny Smith			1	Ad	1	1					
	"	Mary Fields			1	Ad	1	1	4				1
	"	John Fields		1		13	1	1					
	"	James Fields		1		Ad	1	1					
	"	Jim		1		Ad	1	1					
	"	Eliza Fields			1	11	½	1					
	"	Rachel Fields			1	9	½	1					
	"	Timothy Fields		1	—	7	½	1					
	"	James Fields		1		2	½	—					
	28	Chenah bee	Floyd County Georgia	1		Ad	1	1					
	"	Le be lee			1	Ad	1	1					
	"	Di ye tae			1	12	1	1					
	"	Gullah gah lo skee		1		10	1	1					
		Nah se				6m	—						
	28	Jack Hawkins	High Tower River below Cassville Cass County Ga.	1		Ad	1	1					
	"	Jinny Hawkins			1	Ad	1	1					
	"	Betsy (Mrs. H's sister)			1	Ad	1	1					
	"	Jane Hawkins			1	4	-	-	-	2			
	"	Nancy			1	2				2			
		Carried over	—	56	55		78	92	33	47½	—	1½	3½

6)

Family	Date	Names	Residence	Males	Females	Ages	Blankets	Pr. Shoes	Domestic Shirting	Dom. Gingham	Thread	Buttons	[illegible]
No. of	1837			No.	No.	-	No.	No.	yds	yds	sks	doz	doz
		Brought over		56	55	-	78	92	33	47½	-	½	3½
	Jany 28	Kay gah dah quoh lih	Near Major Ridges Floyd County Georgia	1		Ad	1	1					
	"	Poor Bear		1		Ad	1	1					
	"	Tse lo nung tea			1	Ad	1	1					½
	"	Tse ya nah			1	14	1	1		5			
	"	Tse yo lo ske			1	12	1	1	3				
	"	Go dah quah ske		1		10	1	1	3			½	
	"	Daniel		1		6	½	1	2½			½	
	"	Oo tah da ge ske		1		8	½	1	2			½	
	"	Kah wo noo lo sung (Babe)		1					1½			½	
	28	Oo le so luh	At Armstrong's Ala-	1		Ad	1	1					
	"	Oo lu tea			1	Ad	1	1		7	-	1	½
	"	Peggy			1	14	1	1					
	"	Ah wo de yo hee		1		10	½	1					
	"	Oo Jung we u		1		6	½	1					
	"	Sally			1	3		1		2			
	"	Kate			1	6m				1½			
	28	Big Milk	High Tower River above Rome	1	-	Ad	1	1					
	"	Sally (his wife)			1	Ad	1	1					
	"	Ah wo de yo hee			1	Ad	1	1					
	28	Ailey Morro	At Charles Moore's Floyd County Ga-		1	Ad	1	1	3				
	"	Nage Morro			1	4		1		2			
	"	Elly Morro			1	2				1½			
		Carried forward		166	67		93	111	48	66½		3½	4½

(7)

Family	Date	Names	Resi-dence	Males	Females	Ages	Blankets	Pr Shoes	Shirting	Dom Gingham	Thread	Buttons	Needles
No of	1837			No	No		No	No	yds	yds	Sk	Dz	Dz
		Brought forward	—	66	67	—	93	111	48	66½	—	3½	4½
	Jany 28	Sarah Woodard Moore	At Charles Moores, Floyd Co, Georgia		1	Ad	1	1	3				
	"	David Moore		1	—	6m				1½			
	28	Archy Rowe	Oougillogee Cass County Georgia	1		Ad	1	1					
	"	Jinny Rowe			1	Ad		1					
	"	Levi Rowe		1		Ad	1						
	"	Ahleisah (wife of L)			1	Ad	1	1					
	"	Mr Mony / Nancy Rowe		1		13	1	1					
	"	Ailey Rowe			1	11	½	1					
	"	Lyden Rowe			1	9	½	1		3			
	"	Tsu hatt lee yah Rowe		0		4							
	"	George Vann		1		Ad	1	1					
	"	De gah wo he lah da ske		1		Ad	1	1					
	"	Dah dah ye Hughs			1	Ad	1	1					
	"	Coffee (her child)		1		—		1					
	"	Gah lung dah quah nah		1		Ad	1	1					
	"	Polly Qua qua			1	Ad	1	1					
	"	Jesse Swimmer		1		Ad	1	1					
	"	Peggy Rowe			1	Ad	1	1					
		Sawney (her child)		1			—	—		2			
				76	75	—	107	127	51	73	—	3½	4½

Date	Names	Residence	Males	Females	Ages	Blankets	Pr. Shoes	Dom. Shirting	Dom. Gingham	Thread	Buttons	Needles
1837			No	No		No	No	yds	yds	sks	doz	doz
Jany	Brought over		76	75	-	107	127	51	75	-	3½	4½
28	Bear Meat	Big Spring or Scaffolltown Cass Co Ga	1		Ad	1	1					
"	Sally (his wife)			1	Ad	1	1					
"	Sarah Bear Meat			1	15	1	1					
"	Oo doo lah da nah		1		11	1	1					
"	Oo le sa go ge duh		1			1	1					
"	Gah nung to he		1		3	½	1					
"	Oo dah lu yah sk		1		1	½						
"	Black Bear Meat		1		16	1						
28	Tsu wee	Sixes, Cherokee Co Geo	1		Ad	1	1					
	Duck (his son)		1		Ad	1						
	Ah noo he			1	Ad	1	1					
	Wah de			1	Ad	1	1					
28.	Stand	Raccoon Town Floyd Co Ga	1		Ad	1	1					
"	Sally his wife			1	Ad	1	1		6			
"	Ailcy			1	14	1	1					
"	A do he		1		12	1	1					
"	Ah le te ske		1		10	1	1					
"	Hawk		1		3	½	-		2			
	Young Bear } Twins		1		2	} ½	-	-	2			
	Nelly }			1	2							
28	Gote ske	as above	1		Ad	1	1		4½			
"	Betsy (his Grand Child)			1	12	1	1					
	Carried forward		90	83		126	145	51	87½		3½	4½

(9)

Date	Names	Residence	Males	Females	Age	Blankets	Prs Shoes	Dom. Shirting	Dom. Gingham	Thread	Buttons	Needles
1837			No.	No.		No.	No.	yds	yds	Skn	Doz	Doz
	Brought forward		90	83		126	145	51	87½	-	3½	4½
Jany 28	Ah noo yo ke	Raccoon Town Floyd Co Ga		1	Ad	1	1	3	6			
"	Peggy			1	8	½	1	[illegible]	3			½
"	Lucy			1	6	½	1		2½			
"	Susannah			1	4			1¼				
28	Calvin Wolf	Do	1		Ad	1	1					
"	Sarah Wolf			1	Ad	1	1		6			½
"	John Cowanes		1		Ad	1	1					
"	Ah da yo ke		1		16	½	1					
"	Sally Wolf			1	8	½	-					
"	Henry Wolf		1		1				1½			
"	Geo Downing		1		Ad	1	1					
28	Betsy Cade	Dist Town or Armuchee Floyd Co Ga		1	Ad	1	1					
"	Gung da go			1	Ad	1	1					
"	Daniel		1		15	1	1					
"	Polly			1	12	1	1					
28	Archy Downing	Raccoon Town Floyd County Georgia	1		Ad	1	1					
"	Wah de, (his wife)			1	Ad	1	1					
"	Jack		1		13	½	1					
"	Polly			1	11	½	1					
"	Tsah wah u gah			1	6	½	1		3			
"	Kate			1	2	½						
			98	96		141	162	55¼	109½		3½	5½

10)

Date	Names	Residence	Males	Females	Ages	Blankets	Pr Shoes	yds Shirting	yds Domestic	Thread	Buttons	Needles
1837			No.	No.		No.	No.	No.	No.	Skns	doz	doz
	Brought over	—	98	96		141	162	55½	109½	—	3½	5½
Jany 28	Bread cutter	Floyd County Georgia	1		Ad	1	1					
"	Looker (his wife)			1	Ad	1	1					
"	Caty			1	6	1	1					
"	Quo quoh		1		18	1	1					
"	Payne Soonieula		1		Ad	1	1					
28	Looker Man Killer	Wills Valley Ala.		1	Ad	1	1					
"	Jane Williams			1	13	1	1					
28	~~Edward Graves~~ Robin	Chattoo-ga.	1		Ad	1	1					
30	Auley Sasley	Little Wills Valley Ala		1	Ad	1	1	4				1
"	Lucinda Griffin			1	Ad	1	1					
30	Gulstahye	Running Water Floyd Co Ga		1	Ad	1	1					
"	Tsu noo lung hung ske		1		Ad	1	1					
"	Di ya ne			1	14	1	1					
"	Jinny			1	12	1	1					
	Oo do lah da nung		1		10	1	1					
	Ah kiltlung ne gah		1		Ad	1	1					
30	Walter Ridge	Do	1		Ad	1	1					
30	Nan Harris	High Tower above Rome		1	Ad	1	1					
"	Nan Harris			1	8	1	1					
"	Stephen Harris		1		Ad	1	1					
"	Lizzy Harris			1	Ad	1	1					
	Carried forward		107	108		162	183	59½	109½	—	3½	6½

(11)

Date	Names	Residence	Male	Female	Ages	Blankets	Jr. Shoes	Dom. Shirting	Dom. Gingham	Thread	Buttons	Needles
1837			No.	No.		No.	No.	yds	yds	sk	doz	doz
	Brought forw^d		107	108	-	162	183	59¼	109½	-	3½	6½
Jany 30	Rain Crow	Chattooga Ala.	1		Ad	1	1					
"	Sarah Raincrow			1	Ad	1	1					
"	John McIntosh		1		Ad	1	1					
"	Auley McIntosh			1	Ad	1	1					
"	Tee nah ke lung de		1		8	½	1					
"	Lewis Saunders		1		16	½	1					
30	James McTeir	As above	1		Ad	1	1					
"	Elly McTeir	"		1	Ad	1	1					
"	Sally McTeir	"		1	3	.	1		3			
	Wah la le u tah		1		Sm	.	.		2			
30	Sour Mush	As Above	1		Ad	1	1					
	Ga do gee			1	100 yr	1	1	-	5			
30	Robert McTeir	As Above	1		Ad	1	1					
30	Preacher	Running Water [illegible]	1		Ad	1	1					
.	Kate			1	Ad	1	1					½
"	Dodah nung ske		1		2		1		2½		\	
"	Elly			1	3 mo				1½			
30	John Fields Senr	Raccoon Town Floyd Co Ga	1		Ad	1	1					
"	Wahdi Fields			1	Ad	1	7					
"	George Fields		1		17	1	1					
"	Betsy Fields			1	18	1	1					½
"	Spirit Fields		1		6		1	3				
			120	117		178	207	62½	123½		3½	7½

12)

Date	Names	Residence	Males	Females	Ages	Blankets	Pr. Shoes	Cotton Shirting	Cotton Gingham	Thread	Buttons	Needles
1837.			No.	No.		No.	No.	yds	yds	Skn	doz	doz
	Brought over		120	117	--	178	202	62½	123½	—	3½	7½
Jany 30	Joe Skin ah dah he	Oo toh nah le River, Floyd Co Ga	1		Ad	1	1					
"	Anna Skin ah dah he			1	Ad	1	1					
"	Jinny Do.			1	10	½	1					
"	Auley			1	6	½	1		3			
"	Kate			1	3				2			
30	Big Coon	Big Spring on Salt Creek - Cass Co Ga	1		Ad	1	1					
"	Betsy (his wife)			1	Ad	1	1					
"	Kate			1	Ad	1	1					
"	Grasshopper		0		14	—	—					
"	Johnson Bear Meat		1		8	1	1					
"	Spirit Bear Meat		1		Ad	1	1					
30	Mrs. Rachel Trot			1	Ad	1	—					
"	Mrs. Franklin Adair			1	Ad	1	—					
"	Mrs. Nancy Adair	New Echota		1	Ad	1	-					
31	Black Bird	Terrapin Ck Ala	1		Ad	1	1					
"	Ahine la			1	Ad	1	1					
31	Tsu quah lu go	Turkey Town	1		Ad	1	1					
31	Ave Vann	Running Water [illegible] Co Ga	1		Ad	1	1					
"	Elizabeth Vann			1	Ad	1	1					
"	Ka no nung		1		3				2½			
			128	128		194	216	68½	131		3½	7½

(73

Date	Names	Residence	Males	Females	Ages	Blankets	Prs Shoes	Dom Shirting	Com Ginghams	Thread	Buttons	Needles
1837			No	No		No	Prs	yds	yds	Sk	doz	doz
Jany	Brought forward		128	128	-	194	216	62½	131	--	3½	7½
31	Skon ah dah ke	Running Water Floyd County Georgia	1	-	Ad	1	1					
"	Nancy (his wife)			1	Ad	1	1					
"	Nancy Walker			1	Ad	1	1					
"	Peggy Skon ah dah ke			1	Ad	1	1					
"	Ah dah nun ta ske		1		12	1	1					
31	Jinny Skon ah dah ke	As		1	Ad	1	1				1	
"	George (her son)	Above	1		8	½	1					
"	Adam --		1		6	½	1					
"	Rachel			1	4		1	2				
"	Ah noo wa go			1	2	-	-	1½				
31	Ground Mole	As	1		Ad	1	1					
"	Su' wa gung	Above		1	Ad	1	1					
"	Oo sto a nung		1		Ad	1	1					
"	Edward Ground Mole		1		14	1	1					
"	Good Money		1		11	1	1					
31	Dick Scott	As	1		Ad	1	1					
"	Henry Scott	Above	1		Ad	1	1					
"	Dage			1	Ad	1	1					
"	John Scott		1		Ad	1	1					
"	George Scott		1		15	1	1					
"	Eilsey Scott			1	Ad	1	1					
"	Nancy Scott			1	12	½	1					
"	Dah yah ne			1	6	½	1					
"	Quah lah u gah			1	Child	—	—	—	2			
	Carried forward	—	140	140		213	235	65½	133		4½	7½

14)

Date	Names	Residence	Males	Females	Age	Blankets	Pr. Shoes	Lin Shirting	Lin Gingham	Thread	Buttons	Needles
1837			.4^{s}	.4^{s}		.4^{s}	.4^{s}	yds	1/2 yds	sks	doz	doz
	Brought over,		140	140	-	213	238	65$\frac{1}{4}$	133	--	4$\frac{1}{2}$	7$\frac{1}{2}$
Jany 31	Wak de Squirrel	A few miles below New Echota - Ga -		1	Ad	1	1					
"	Robert Squirrel	"	1		Ad	1	1					
"	Tsegea	"		1	Ad	1	1					
"	Dego do ske	"	1		17	$\frac{1}{2}$	1					
"	Dele gung ijah ske	"	1		4	$\frac{1}{2}$						
31	Killer Moore	Cass County Georgia	1		Ad	1	-					
"	Polly (his wife)	"		1	Ad	1	-					
31	Aleca Swimmer	Dirt Town Floyd Co. Ga		1	Ad	1	1					
"	Wattie Swimmer	"		1	Ad	1	1					
"	Gooteye Swimmer	"		1	Ad	1	1					
"	James		1		10	1	1					
31	John Arch	Walker Co Ga	1		Ad	1	1					
			146	146	...	224	247	65$\frac{1}{4}$	133	--	4$\frac{1}{2}$	7$\frac{1}{2}$

(18

Date	Names	Residence	Males	Females	Age	Blankets	Pr. Shoes	Cotton Shirting	Cotton Gingham	Thread	Buttons	Needles
1837			No.	No.		No.	No.	yds	yds	Skn	doz	doz
Feby												
1	Knife or Oo ne tah ko	High Tower	1	..	Ad.	1	1					
"	Nagee	River above Rome		1	Ad	1	1					
"	Oo wo so dee	Floyd Co Georgia	1		Ad	1	1					
1	Old Mase Hawkins	-	1	-	Ad	1	1					
1	Sam Scott	Running Water	1		Ad	1	1					
1	Wm Reid	Head of	1		Ad	1	1					
"	David Reid	Dry Creek McMinn	1		Ad	1	1					
	Anny Reid	Co of Ten.		1	Ad	1	1					
1	Andrew Ross	Dekalb Co. Ala	1		Ad	1						
1	Mrs Carroll	Turkey Town Ala		1	Ad	1	0					
1	Thunder	Cass	1		Ad	1	1					
1	Tekaga	Co Georgia	1		Ad	1	1					
1	Tuck hong wah lu hee	Dirt Town	1		Ad	1	1					
"	Lucy Fox biter - -	Floyd Co Georgia		1	Ad	1	1					
1	Mrs Kirkpatrick	- -		1	Ad	2	1					
	her child (infant)				(inft)				3			
1	Nancy	. -		1	Ad	1	1	3	5			
	Carried over	- -	10	6		17	14	3	8			

****

16)

Date	Names	Residence	Males	Females	Agts	Blankets	Pr. Shoes	Dom. Shirting	Dom. Gingham	Thread	Buttons	Needles
1837			No.	No.		No.	No.	yds	yds	Sk.	doz	doz
	Brought over	—	10	6		17	14	3	8			
Feby 2	Turtle Fields	Will. Creek	1		Ad	1	1					
"	Auley Fields	near Jr.		1	Ad	1	1					
"	Johnson Fields	Bells Ala	1		Ad	1	—					
"	Cat Fields	Aralovo	1		Ad	1						
"	Edward Graves	Will. Valley	1		Ad	1	1					
"	Young Puppy	Do	1		Ad	1	—					
"	Jack Tail	Do	1		Ad	1	—					
"	George Saunders	Do	1		Ad	1	1					
"	Peter Barby	Do	1		Ad	1	1					
"	Jim Hunter	Do	1		Ad	1	1					
"	~~Fetaute~~											
"	Black Fox	Do	1		Ad	1	—					
"	Bark Tail	Do	1		Ad	1	1					
"	Tese Guess	Do	1		Ad	1	—					
"	Jesse Owens	Aquohee N.C.	1		Ad	1	1					
"	Neely McDaniel	Salequoa Ct. House Ga.	1		Ad	1	1					
	Carried forward		24	7		32	23	3	8			

(17

Date	Names	Residence	Males	Females	Ages	Blankets	Pr. Shoes	Dom Shirting	Dom Gingham	Thread	Buttons	Needles
1837			No.	No.		No.	No.	yds	yds	Sks	doz	doz
	Brought forward		24	7	—	37	23	3	8			
Feby 2	Jinny Doherty } by John A Bell	Coosawattee		1	Ad	1	—					
3	Che yah nung na	Turkey Town Al		1	Ad	1	1					
"	Johnson Fields (Preacher)	Bradley Co Ten	1		Ad	1						
"	John Boston	Red Clay Ten	1		Ad	1						
"	Che nah sahs	Floyd Co. Ga-		1	Ad	1	1					
"	Ned Bark		1	.	Ad	1	—					
"	Charlotte Bark			1	Ad	1	1					
"	Oolaty			1	A	1	1					
"	Billy		1	-	13	½	1	3			½	
"	Talontuska		1		7	½	1	2¼			½	
3	Kah noos kees	near New Echota Ga —	1		Ad	1	1					
3	Yo nookit lah	Chemah- -tsee Cr. Floyd Co Georgia	1		Ad	1	1					
"	Wah dy			1	Ad	1	1					
4	Sarah Saunders	Forsyth Co Ga.		1	Ad	1	—					
	Margaret Saunders			1	Ad	1	-					
"	Danl. Griffin Senr.	Hamilton Co Ten.	1	-	Ad	1	1					
"	Cah yoo gu.	Cass Co Ga —	-	1	Ad	1	1					
	Carried over		~~32~~ 32	~~16~~ 16		48	34	8¼	8		1	

18)

Date	Names	Residence	Males	Females	Ages	Blankets	Pr Shoes	Dom Shirting	Dom Sheeting	Thread	Buttons	Needles
1837			No	No		No	No	yds	yds	Skn	doz	doz
			37	16		48	34	8¼	8	—	1	
Feby 4	Jinny	Murray Co. Ga Oostanaullee	—	1	Ad	1	1					
"	Susan Ratliff	Turkey Town A.		1	Ad	1	1					
"	Nancy Miller	Cass Co Georgia		1	Ad	1	1					
	Sally Miller			1	Ad	1	1					
5	Buzzard	Dirt Town Floyd County Georgia	1	-	Ad	1	1					
"	Aisley (his wife)			1	Ad	1	1					
"	Leaf		1	-	8	½	1					
"	Thompson		1		7	½	1					
"	Lydia			1	6	½	1					
"	John		1	-	5	½	1					
"	Humming Bird		1	-	4	½	1					
"	Catherine			1	3	½	1					
"	Nilsy			2	6m	—	—	—	—		—	
5	Thomas McCoy	Wills Valley Ala	1	-	Ad	1	—					
8	David Watie	Dougelloge Cass Co. Ga	1	—	Ad	1	1					
"	Kulkulloska	Oostannallee River Floyd County Georgia	1	-	Ad	1	1				2	1
"	Degahsahdaga		1		14	1	1	3				
"	Standing Man		1	-	12	1	1	2½				
"	Godahgawee			1	10	½	1	2½				
"	Ahdshe		1		5	½	1	2				
	Carried forward		43	24		63	52	18¾	8	—	3	1

(19

Date	Names	Residence	Males	Females	Age	Blankets	Pr Shoes	Dom. Shirting	Dom. Gingham	Thread	Buttons	Needles
1837			No.	No.		No.	No.	No.	yds	Skns	doz	doz
	Brought forward		43	24		63	52	18½	8	—	3	1
Feby 8	Totiyo Graves	Saliquoa Cd Cass Co Geo		1	Ad	1	1					
"	Nelly Hoganes	Do		1	Ad	1	1					
"	Quahlayoca	Do.		1	Ad	1	1					
8	Kiketee	Red Clay Tenn	1		Ad	1	1					
	Quakey			1	Ad	1	1					
	Nancy			1	Ad	1	1					
8	Ah cah loo ca	Do	1		Ad	1	1					
"	Wiley Butler	"	1			1	1					
	Cah tar la nung	"	1			1	1					
8	Ga dah oo lus kee, or "The man whose foot is on the cushion"	Floyd Co. Ga	1		Ad	1	1					
9	Ailey F	Salaquoa Cass Co. Geo.		1	Ad	1	1					
"	Celia	Red Clay Tenn		1	Ad	1	1					
"	Lydia Griffin	Hamilton Co. Tenn		1	Ad	1	1					
"	Polly Griffin			1	Ad	1	1					
"	Reuben Tate	Madison Co. Ala	1		Ad	1	—					
"	William Poletow	Do	1		Ad	1	—					
	Carried over		50	33		79	66	18½	8	—	3	1

20)

Date	Names	Residence	Males	Females	Ages	Blankett	Pr Shoes	Dom Shirting	Dom Gingham	Buttons	Needles
1837								yds	yds	doz	doz
Feby	Brought over		50	33	-	79	66	18½	8	3	1
11	Rai ha tee	Coosawattee Cass Co Ga	1	-	Ad	1	1				
"	Polly	Hamilton Co Tenn near Ross' Landing		1	Ad	1	1				
"	Nancy	Do.		1	Ad	1	1				
"	Choyohnungna	Do.		1	Ad	1	1				
"	Coti ye	Salaquoa Cr. Cass Co		1	Ad	1	1	3			
"	~~Polly~~ Celia			1	Ad	1	1	3			¼
"	Greene	Georgia	1		Ad	1	1				
"	Dicy			1	13	1	1	3			
"	Tsee coo			1	2	-	-	~~3~~	2		
13	Eteconna	Floyd Co Ga	1	-	Ad	1	1				
	Sally (his wife)			1	Ad	1	1				
	Ailey	- -		1	Ad	1	1				
"	Mrs Hicks	Mouse Town Ten		1	Ad	1	1				
	Do. for her children					1	3				
14	Wattee	Salaquoa Ck Cass Co Ga.		1	Ad	1	1				
	Nickootiyee			1	Ad	1	1				
"	Chickea	Pinelog Creek Cass Co Ga		1	Ad	1	1				
	Carried forward		53	46		95	80	27¼	10	3	1¼

****

(2)

Date	Names	Residence	Males	Females	Ages	Blankets	Pr. Shoes	Dom. Shirting	Dom. Gingham	Buttons	Needles
1837			No.	No.		No.	No.	Yds	Yds	Doz	Doz
Feby	Brought forward		53	46		95	84	27¼	10	3	½
14	George Ratcliff	Cherokee Cty. Ala	1		Ad	1	1				
"	Culstie & Son	Floyd Co. Ga	2		Ad	2	1				
"	Cheosah	Hamilton Co. T.		1	Ad	1	1				
"	Alekah	Cass Co. Ga		1	Ad	1					
"	Quatch or Betsy	" " "		1	Ad	1					
"	Tiyah nee	" " "		1	Ad	1	1				
17	Nelly	Floyd Co. Ga		1	Ad	1	1				
"	Cohnaya	Do		1	6	–	1	2			
"	Wm Dennis	Bradley Co. T.	1		Ad	1	1				
"	Lucinda (his wife)			1	Ad	1	1				
"	Elizabeth Martin			1	Ad	1	1				
"	George Martin		1		Ad	1	1				
"	Tarripsen Striker	Unknown	1	–	Ad	1					
18	Oo sow e	Dogwood flat	1		Ad	1	1				
"	Ungwatta	Coosillogee Ga		1	Ad	1					
"	Tool Poler	Near New Echota	1		Ad	1					
"	Aggy Quaquah	Dogwood flat - Walker Co. Ga.		1	Ad	1					
20	Miss Sarah Ridge	Floyd Co Geo.		1	Ad						
	& Boudinott's child		1	–		1					
"	Chek Kah Wa lu sca	Do.		1	Ad	1					
	Pidgeon Lifter	Hamilton Co. Ten.	1		Ad	1	1				
	Aelsy, his wife			1	Ad	1	1				
	Carried over		63	59		116	97	29¼	10	3	1½

222

Date	Names	Residence	Males	Females	Ages	Blankets	Pr. Shoes	Dom. Shirting	Dom. Gingham	Buttons	Needles
1837			No.	No.		No.	Pr.	yds	yds	Doz	Doz
	Brought over		63	57		116	97	29¾	10	3	1½
Feby 20	Eliza Elliot	Floyd Co. Ga		1	Ad	1	—				
"	Sally Elliot	" " "		1	Child	½	1				
"	Archy Elliot	" " "	1		Do	½	1				
"	Wallent Elliot	" " "	1		Do	½	1				
"	John Elliot		1		Do	½	—				
	Mrs Bigby	Tennessee		1	Ad	1					
27	Henry Seabott	Bradly Co Ten	1		Ad	1					
"	Catharine Seabott			1	Ad	1					
"	Thomas Seabott	" "	1		Child						
"	Joseph Seabott	" "	1		Do	1					
"	Susan Seabott	" "		1	Do						
"	John Seabott	" "	1		Do	½					
"	Henry Seabott	" "	1		Do	½					
"	John Seabott	" "	1		Ad	1					
"	Eliza Seabott	" "		1	Ad	1					
"	Joseph Seabott	" "	1		Child	½					
"	Wm Seabott	" "	1		Do	½					
"	Sally Seabott	" "		1	Do	½					
	John Seabott	" "	1		Do	½					
"	Wm McBride	" "	1	—	Ad	1					
"	Mahannah McBride	" "		1	Ad	1					
	Carried forward		76	67		130	100	29¾	10	3	1½

(23)

Date	Names	Residence	Males	Females	Ages	Blankets	Pr Shoes	Dom Shirting	Dom Gingham	Buttons	Needles
1837			No	No	-	No	No	Yds	Yds	Doz	Doz
Feby	Brought forward		76	67		130	106	29½	10	3	1½
27	Joseph A. Foreman	Bradly Co Ten	1	-	Ad	1					
"	Wm Foreman	" " "	1		Ad	1					
"	Narcissa Foreman	" " "		1	Ad	½					
"	W. A. Foreman	" " "	1	-	Child	½					
	Jacob Bushyhead	" " "	1	-	Ad	1					
"	Six Killer	Murray Co Ga	1	-	Ad	1	1				
"	Nancy (his wife)	" "		1	Ad	1	1				
"	Young Panther	Cherokee Co. Ga	1		Ad	1	1				
"	Ty yih ah	Salaquoa	1	-	Ad	1					
28											
28	Eliza Shoeboots	Hightower		1	Ad	1	1		8		
"	Sally Shoeboots	"		1	Child	½			3		
"	Alsey Shoeboots	"		1	Do	½	1		3		
			83	72		140	106	29½	24	3	1½

(24)

Date 1837	Names	Residence	Males	Females	Ages	Blankets	Pr. Shoes	Dom. Shirting	Dom. Stripes	Buttons	Thread
			No	No		No	No	yds	yds		
March 1	Peggy Overtaker & Child	Dutch town		1	Ad	1	1	–	11		
"	Walter Goss	Cass Co. Ga	1		Child	1½	1				
"	Benjn Goss	D^o	1	–	D^o	½	1				
"	Rachel Goss	D^o		1	D^o	½	[illegible]				
"	Benjn Trott	D^o	1	–	D^o	½	1				
"	Mary Trott	D^o		1	D^o	½					
"	Nancy Ketcham	D^o		1	Ad	1					
	her Daughter	D^o		1	Ad	1					
2	William Downing	Salaquoa C^k	1	–	Ad	1					
"	Betsy Downing	D^o		1	Ad	1					
"	Sarah	D^o		1	Ad	1	1	4	5¼		
"	Betsy	D^o		1	Ad	1	1	6			
"	Winnie	D^o		1	Ad	1	1	–	4½		
"	Lucy Storks	D^o		1	Ad	1					
"	Anny Hinton	D^o		1	Ad	1					
"	Nancy	Chattooga		1	Ad	1					
"	Elizabeth	D^o		1	Ad	1					
"	Wootah	Cass Co. Ga		1	Ad	1	1	3	6		
"	Rabbit Tail	D^o		1		1	1				
	Carried forward		4	15		17	9	13	27¾		

(25

Date 1837.	Names	Residence	Males	Females	Age	Blankets	Pr Shoes	Dom Shirting	Dom Gingham	Buttons	Needles
	Brought forward		[illegible]	[illegible]		17	9	13	27½		
March 2	Arah wa kee	Murry Co Ga		1	Ad	1	1	3	6		
"	Charlotte	" "		1	Child	—	1	2	3		
"	Tyre Bett	" "	1		Ad	1	1				
"	Worm	" "	1		Ad	1	1				
"	Owl	" "	1		Ad	1	1				
"	Getting up	" "	1		Ad	1	1				
"	Floating Brush	" "	1		Ad	1	1				
Mch 5	Nancy	Chattooga		1	Ad	1					
"	Elizabeth	"		1	Ad	1					
"	Wootah	Cass Co Ga		1	Ad	1	1	3	6		
8	~~Arah wa kee~~	~~Murry Co Ga~~									
	Nicy Hetterbran	Bradly Co Ten		1	Ad	1	1				
	her children —	Do			—	1					
	Harry Buffington	N. Ca	1	—	Ad	1	1	6		1	
9	Ewaskilteo	Murry Co. near New Echota	1	-	Ad	1	1				
"	Killoar	Do	1		Ad	1	1				
"	Cah,tahee	Do	1		Ad	1	—				
"	Leaf —	Do	1		Ad	1	1				
"	Young Puppy	Do	1		Ad	1					
"	Dew	Do	1		Ad	1					
"	Widow Murphy	Do		1	Ad	1					
	Carried forward --		16	22		36	22	27	42½	1	

26)

Date	Names	Residence	Males	Females	Ages	Blankets	Br. Shoes	Dom Shirting	Dom Gingham	Buttons	Needles
1837			No.	No.		No.	No.	yds	yds	Doz	Doz
March ~~[illegible]~~	~~Apples (son of [illegible])~~	~~[illegible] Ga~~	~~+~~								
	Brought forward		16	22	–	36	22	27	42¼	1	
11	Apples (son of Awattie	Cass Co. Ga. below New Echota	1	–	14	1					
"	Fifer) (Orphan boy)	Do	1	–	15	1	1	3	5	½	
12	Abigal Gusty	Bradly Co Ten Chestua Cr.		1	Ad	1					
"	Ruthy May	Bradly Co Ten Chatata Cr		1	Ad	1					
13	Ootiyo	Pine log Cass Co. Ga.		1	Ad	1	1				
"	Quakee	Do		1	Ad	1	1				
"	Coh hee nah	Do		1	Ad	1	1				
15	Sarah	Oostannallee Murry Co Ga		1	Ad	1	1				
"	Lizzy	Do		1	Ad	1	–				
"	Chenah sah	Do		1	Ad	1	1				
"	Nancy (her child)	Do		1	1			2		½	
"	Polly	Do		1	12				4		
15	Sets Stop	Do	1	–	Ad	1	–				
"	Aiky (his wife)	Do		1	Ad	1	1				
"	Ah wah yo	Do	1	–	16	1	–				
15	Ah ta la no he	Do	1		Ad	1					
"	Te tah nas kee	Do	1		12			3		½	
			22	33		50	29	35	51¼	2½	
								35			

(2)

Date	Names	Residence	Males	Females	Ages	Blankets	Prs. Shoes	Dom. Shirting	Dom. Plaids	Buttons	Needles
1837			No	No		No	No	yds	yds	Doz	Doz
March	Brought forward —		22	33	~	50	29	35	51½	2½	
15	The widow Murphy's Children	Murray Co. Ga near New Echota									
"	Iyostah	Do		1	Ad	1					
"	Sequoh yah	Do	1	-	15	1					
"	Willy	Do	1		10	1	1				
15	Cah le loh he	Do		1	Ad	1	1				
"	Bear Skin (Orphan)	Do	1	-	10	1	—				
15	Lucinda McDaniel	Salaquoa Cap[illegible]		1	Ad	1					
"	Conna McDaniel	Do		1	Ad	1					
15	Ailey	Do		1	Ad	1					
	Nick oo te ye	Do		1	Ad	1					
15	Lucy	Do		1	Ad	1					
	Nelly	Do		1	Ad	1					
	Wattie	Do		1	11	1					
16	Jinny	Chatasheta		1	Ad	1	1		8		
"	Robin & wife		1		Ad	1	1				
"	Peggy			1	Ad	1	1	5½	2		
"	Os quny yah stah			1	Ad	1	1				
20	Lucy Hooks	Turkey Town		1	Ad		1				
"	Anny Hinyon	Do		1	Ad		1				
	Carried over		26	47	-	66	37	40½	61½	2½	

28)

Date 18	Names	Residence	Males	Females	Ages	Blankets	Prs Shoes	Dom Shirting	Dom Gingham	Buttons	Needles
1837			No	No		No	No	Yds	Yds	Doz	Doz
March	Brought over		26	47	–	66	37	40½	61¼	2½	
22	Prussia Foreman	Bradly Co Ten		1	Ad	1					
"	Saml Ratcliff	Turkeytown	1		Ad	1					
24	Foche Hacke Fixico		1		Ad	1	1				
"	Jimmy		1		Ad	–	1				
"	George		1		Boy	–	1	2			
27	Gais, cah, nee,	Oostannallie Cr Murray Co Ga	1	–	Ad		–	–			
"	Setty (his wife)	Do		1	Ad	1					
"	Nanny	Cass Co Ga		1	Ad	1					
"	Ahne	Do		1	Ad	1					
"	Salah, ta (her child)	Do		1	6m	–	–	1			
"	Watie	Cass Co Ga		1	Ad	–	1				
"	Coh ta ka wo	Do		1	Ad			3	6		
"	Betsy	near Oostannallie Murry Co Ga		1	Ad	–	–	–	6		
"	Sokinne & Child	Do		1	Ad	1		5	6		
"	Cotah yoh	Do		1	Ad	1					
28	Suky ~~[illegible]~~	Transient		1	Ad	✝		3	6		
"	Too wa gah	Do	1		10	–	–	5	2		
30	Polly	Do		1	Ad	–	–	3	6		½
"	five children	Do	2	3	—			10		2	
"	Sally	Do		1	Ad	–	–	3	6		½
"	two children	Do	2	–	—	–	–	4		1½	
"	See ke wa ga & 4 other children	Do	3	2	–	–	–	12		2	½
			39	65	—	74	41	91½	99¼	8	1½

****

(29

Recapitulation

Date 1837	~~Names~~		Males	Females		Blankets	Shoes	Dom Shirting	Dom Gingham	Buttons	[illegible]
						No	pr	yds	yds	Doz	Doz
Jany						224	247	65¾	133	4½	7½
Feby						108	100	29¾	24	3	1½
March						79	41	91½	99¾	8	1½
		Total				438	390	186½	256	15½	10½

Copy of the Role of Cherokees drawing clothing up to the 1st of April 1837

Katy
Tim Stone
Jack Doherty

Rations –

House	Men	W.	C.	R.	Bacon	Meal	Flour
15	9	6	5	17½	70	35	35
16	5	5	9	14½	58	58	[illegible]
17	6	7	8	17	68	68	
18	7	6	5	15½	62	62	
19	7	8	3	16½	66½	66½	
20	7	5	7	15½	62	62	
21	7	6	9	17½	70	70	
22	5	10	9	19½	78½	78½	
23	6	7	8 / 10	15 / 19	76	76	
24	11	9	6	23	92	92	
25	16	3	2	20	80	80	
26	11	7	3	19½	78½	78½	
27	9	7	4	18	72	72	
28	9	7	5	18½	74	74	
29	10	9	4	21	84	84	
30	9	4	8	17	68	68	
31	7	3	4	12	48	48	

Book No. 1 – June 1838

Rations Issued to Cherokees –

A Roll of the names of heads of Emigrating Cherokee families drawing Rations at Camp Ooscanawaughee

(1

Date 1838 June	Names of heads of Families	No. Men	Women	Children	Rations entitled to	Days	Rations total	Fat Bacon	Corn	Corn Meal	Flour	Salt	No. of horses
1	Setting down	1	-	-	1	4	4	4		4		2	
"	Nancy	2	8	4	12	"	48	48		48		24	
"	Milk	1	-	-	1	-	4	4		4		2	
"	Muskrat	1	3	5	6½	"	26	26		26		13	
"	Riddle	1	-	-	1	"	4	4		4		2	
"	Betsy	3	4	3	8½	"	34	34		34		17	
"	Telahsenah	2	1	1	3½	"	14	14		14		7	
"	Johnson	1	-	-	1	"	4	4		4		2	
"	Squatch	1	-	-	1	"	4	4		4		2	
"	Ahsenah	1	-	-	1	"	4	4		4		2	
"	Nelly	1	1	1	2½	"	10	10		10		5	
"	The Stand	1	1	3	3½	"	14	14		14		7	
"	Susannah	-	1	-	1	"	4	4		4		2	
"	Betsy	-	2	5	4½	"	18	18		18		9	
"	Water sifter	4	2	2	7	"	28	28		28		14	
"	Pidgeon	1	-	-	1	"	4	4		4		2	
"	David	1	-	-	1	"	4	4		4		2	
"	Groundhog	1	-	-	1	"	4	4		4		2	
"	Tetahlahse	1	-	-	1	"	4	4		4		2	
"	Sockinno	1	3	-	4	"	16	16		16		8	
"	Wauhatchy	3	2	-	5	"	20	20			20	10	
"	Young Beaver	2	1	4	5	"	20	20		20		10	
"	Trunk	1	4	5	7½	"	30	[illegible]		30		15	
"	Sansee	1	1	1	2½	"	10	[illegible]		10		5	
	Carried over	32	34	34	83	4	332	332	-	312	20	166	

2)

Men continued June 1838.

Date 1838 June	Names of heads of Families	No. of Men	Women	Children	Rations entitled	Days	Rations Total	Rations Bacon	Corn	Corn Meal	Flour	Salt	No. of Lodge
1	Brought over	32	34	34	83	4	339	332	-	312	20	166	
"	Isaac	1	1	5	4½	"	18	18		18		9	
"	Timble	1	1	4	4	"	16	16		16		8	
"	Deerhead	1			1	"	4	4		4		2	
"	Ohskalistae	1	1	3	3½	"	14	14		14		7	
"	Calastoo		1	2	2	"	8	8		8		4	
"	Isaac 2nd	1	1	5	4½	"	18	18		18		9	
"	Robert	1	1	2	3	"	12	12		12		6	
"	Sasy	-	1	2	2	"	8	8		8		4	
"	Squalateske	1	-	-	1	"	4	4		4		2	
"	Tesiaske	1			1	"	4	4		4		2	
"	Ahteh sah	1	-	-	1	"	4	4		4		2	
"	Ahsettanah	2	2	4	6	"	24	24		24		12	
"	Sicatecua	1	-	-	1	"	4	4		4		2	
"	Tah le hah	1	-	-	1	"	4	4		4		2	
"	Cah he nah	1	1	2	3	"	12	12		12		6	
"	In tah hah	2	3	5	7½	"	30	30		30		15	
"	Tekahteeske	1	1		2	"	8	8		8		4	
"	Tah yon nah	1	1	5	4½	"	18	18		18		9	
"	Tacky	1	1	2	3	"	12	12		12		6	
"	Coahnute	1	1	1	2½	"	10	10		10		5	
"	Emateckee	1	4	6	8	"	32	32		32		16	
"	Nancy		1	1	1½	"	6	6		6		3	
"	See yes kee	1	1	3	3½	"	14	14		14		7	
"	Crouchee	1	-	-	1	"	4	4		4		2	
		55	57	86	155	4	620	620	-	600	20	310	

Return No. 13

(3

[illegible] Continued — June 1838

Date 1838 June	Names of heads of Families	No of Men	Women	Children	Rations entitled to	Days	Ration total	Ration Bacon	" Corn	" Corn Meal	" Flour	" Salt	No of house
2	Nase	6	4	3	11½	3	34½	34½		34½		17¼	
"	White mankiller	1	1	2	3	3	9	9		9		4½	
"	Skunete	4	7	3	12½	3	37½	37½		37½		18¾	
"	Mankiller	1	1	1	2½	3	7½	7½		7½		3¾	
"	Sweet Deer	5	3	2	9	"	27	27		27		13½	
"	Whipperwill	4	3	2	8	"	24	24		24		12	
"	Chirkaleela	4	4	4	10	"	30	30		30		15	
"	Babboon	4	2	1	6½	"	19½	19½		19½		9¾	
"	She Cocker	4	4	7	11½	"	34½	34½		34½		17¼	
"	Old Turkey	1	5	5	8½	"	25½	25½		25½		12¾	
"	William	5	6	4	13	"	39	39		39		19½	
"	Ailey		3	4	1	"	15	15		15		7½	
"	Cahtahna	2	6	1	8½	"	25½	25½		25½		12¾	
	Polly	1	2	3	4½	"	13½	13½		13½		6¾	
"	Asher	2	4	3	7½	"	22½	22½		22½		11¼	
"	John	4	3	2	8	"	24	24		24		12	
"	Cahtee	2	2	1	4½	"	13½	13½		13½		6¾	
"	Wolf	2	2	1	4½	"	13½	13½		13½		6¾	
"	Archilla	2	1	1	3½	"	10½	10½		10½		5¼	
"	Tom	3	2	2	6	"	18	18		18		9	
"	Aquilla		1	2	2	"	6	6		6		3	
Carried over		57	66	54	150	3	450	[illegible]		[illegible]		[illegible]	

4) .

Roll continued June 1838

Date 1838 June	Names of heads of Families	No of Men	Women	Children	Rations entitled to	Days	Rations Total	Rations Bacon	Corn	Corn Meal	Flour	Salt	No of Horses
2	Brought over	57	66	54	150	3	450	450	-	450		225	
"	Noise	1	1	4	4		12	12		12		6	
"	Silly Meat	1			1		3	3		3		1½	
"	Sally		1		1		3	3		3		1½	
"	Jefferson	4	3	4	11		33	33		33		16½	
"	John	4	2	4	8		24	24		24		12	
"	Cah,ta,gus,ke	8	5	3	14½		43½	43½		43½		21¾	
"	Sapsucker	2	3	3	6½		19½	19½		19½		9¾	
"	Five Killer	2	2	5	6½		19½	19½		19½		9¾	
"	Will	2	1	1	3½		10½	10½	[struck through]	[struck through]	10½	5¼	
"	Red worm	2	2	2	5		15	15	5	10		7½	
		83	88	80	211		633	633	5	617½	10½	316½	
	Return No. 2.												
3	Drunkard	1			1	2	2	2	-	2		1	
"	Paint	1	1		2		4	4		4		2	
"	Nancy		1		1		2	2		2		1	
"	Nancy 2nd		1		1		2	2		2		1	
"	Shiner	1			1		2	2		2		1	
"	Well	1			1		2	2		2		1	
"	John	2	1		3		6	6		6		3	
"	John Knoaw	1	1		2		4	4		4		2	
"	Scrape Skin	3	2		5		10	10		10		5	
"	Billy North	2	2		4		8	8		8		4	
"	Partridge	2	1		3		6	6		6		3	
"	Martin	1	1		2		4	4		4		2	
"	Fire	1			1		2	2		2		1	
"	Kaon	1			1		2	2		2		1	
"	Watty McDaniel	1	1	1	2½		5	5		5		2½	
"	Waggon	2	2	2	5		10	10		10		5	
"	Cohtah	2	4	2	7		14	14		14		7	
	Carried forward	22	18	5	42½		85	85		85		42½	

(5

[illegible] June 1838.

Date 1838 June	Names of head of families	No. of Men	Women	Children	Rations with &c	Days	Ration Beef	Ration Bacon	Corn	Corn Meal	Flour	Salt	No. of Houses
3	Brought Forward	22	8	5	2	2	85	85	-	88	-	42½	
"	Crean sea			2			4	4		4		2	
"	George	1			1		2	2		2		1	
"	Gungrile	1			1		2	2		2		1	
"	Charly	1			1		2	2		2		1	
"	William Knavre	1	1		2		4	4		4		2	
"	Standing on the Fence	1			1		2	2		2		1	
"	Wallace Tonn	2	4	3	7½		15	15			15	7½	
"	Stolla	1	1		2		4	4			4	2	
"	Blue Lizzard	2			2		2	2			4	2	
"	Spirit	1		1	1½	2	3	3			3	1½	
"	Crowe you ka		1		1		2	2		2		1	
"	Lydia		1		1		2	2		2		1	
		33	27	11	65½		131	131	-	105	26	65½	

Return No. 3

6)

Roll Continued — June 1838.

Date 1838 June	Name of head of Families	No. of Men	Women	Children	Rations entitled to	Days	Rations total	Rations Bacon	Corn	Corn Meal	Flour	Salt	No. of [illegible]
4	Robt Bonge	1			1	1	1	1		1			
	Mole & Sally	1	1		2	1	2	2		2			1
	Crow Macker	6	8	1	16	1	16	16		16			2
	Ash Hopper	1	1	3	3½	1	3½	3½		3½			3
	Betsy	1	3		4	1	4	4			4		
	Johnson	1	1	2	3	1	3	3			3		
	David	1			1	1	1	1			1		
	Wash Beaver	2	4	3	7½	1	7½	7½			7½		4
	John	4	1		5	1	5	5			5		
	Sackinne	-	2	3	3½	1	3½	3½			3½		5
	Gum	2	3	2	6	1	6	6			6		
	Quala yu ceo		1	1	2	1	2	2			2		
	Se ne cao yah	1			1	1	1	1			1		3
	Cloud	1	-		1	1	1	[illegible]			1		
	Fuller	1	1	3	3½	1	3½	3½			3½		
	A que cha	2	2		4	1	4	4			4		6
	Pidgeon Roost	1	1	1	2½	1	2½	2½			2½		
	Bird	2	2	4	6	1	6	6			6		7
	Lydia	-	4	2	5	1	5	5			5		
	Black Haw	2	2	2	5	1	5	5			5		
		30	37	30	82	1	82	82		22½	59½		

Return No. 4

(7

N. M. Continued June 1838.

Date 1838 June	Names of heads of families	No. of Men	Women	Children	Rations entitled to	Days	Rations Total	Rations Bacon	Corn	Corn Meal	Flour	Salt	No. of house
5	Corn Mocker	6	5	4	16	4	64	64			64		1
"	Deer Biter	3	8	14	18	4	72	72			72		2
"	Ashhopper				3½	4	14	14			14		3
"	Qualauchee		2	1	1½	4	6	6			6		
"	Senecooyah	1			1	4	4	4			4		
"	Cloud	1			1	4	4	4			4		
"	Fiddle	1	1	3	3½	4	14	14			14		
"	Betsy	1	3		4	4	16	16			16		
"	Johnson	1	1	2	3	4	12	12			12		4
"	David	1			1	4	4	4			4		
"	Wash Beaver	2	4	3	7½	4	30	30			30		
"	John	4	1		5	4	20	20			20		
"	Sockinna	–		3	3½	4	14	14			14		5
"	Gum	2	3	2	6	4	24	24			24		
"	Aguecche	2	2		4	4	16	16			16		
"	Pidgeons Roost	1	1	1	2½	4	10	10			10		6
"	Jim	1			1	4	4	4			4		
"	Sherit	1			1	4	4	4			4		
"	Fire	1			1	4	4	4	4		–		
"	Little Deer	1			1	4	4	4	4				
"	Bird	2	2	4	6	4	24	24			24		7
"	Lydia	–	4	2	5	4	20	20	10		10		
"	Black Fox	2	2	2	5	4	20	20			20		17
"	Dianah	–	3	4	5	4	20	20			20		48
"	Warhateky	1	1	5	4½	4	18	18			18		47
"	Young Beaver	2	2		4	4	16	16			16		
"	Five killer	2	2	5	4½	4	26	26			26		
"	Wallace Vann	1	4	3	6½	4	26	26			26		46
"	~~[illegible]~~												
	Carried over	41	56	61	127½	4	510	510	18		482		

8)

Roll continued June 1838.

Date 1838 June	Names of heads of families	No. of Men	" " Women	" " Children	" " Rations entitled to	" " Days	" " Rations Total	Rations Bacon	" Corn	" Corn Meal	" lbs Flour	" Salt	No. of Houses
5	Brought over	41	56	61	127½	4	510	510		18	492		
"	Riddle	1			1	4	4	4			4		
"	Young Duck	1	2	1	3½	4	14	14			14		
"	Deer coming	1	1	3	3½	4	14	14	~~4~~	~~4~~	10		44
"	The Stand	1	-	-	1	4	4	4	4	4			
"	John Pilow	3	3	3	7½	4	30	30	- -		30		9
	Tookah	3	3	1	6½	4	26	26			26		5
"	All corn	1	-	6	4	4	16	16			16		
	Jackson	1	-	2	2	4	8	8			8		
"	Eight Killer	2	1	-	3	4	12	12			12		
"	Chavers	4	2	6	9	4	36	36	10 ~~10~~	~~10~~	26		10
"	Molo	1			1	4	4	4			4		
"	Robert Bengo	1	-		1	4	4	4			4		
"	Sally	-	1	-	1	4	4	4			4		
"	Sally	-	2	2	3	4	12	12			12		11
"	Rising Fawn	2	3	4	7	4	28	28	10 ~~10~~		18		
"	Corn Tassel	1		-	1	4	4	4	—		4		
"	Bear	4			4	"	16	16			16		
-	James	1	-	-	1	"	4	4			4		
	Money stealer	1	-		1	"	4	4			4		12
	Mankiller	1			1	"	4	4			4		
	Etah te tah	1			1		4	4			4		
	Eli Faught	1			1	"	4	4			4		
	Keke nah	3	4	3	8½	"	34	34			34		
	Tet me strike	1	3	3	5½	"	22	22			22		13
	Red Bird	3	7	6	10	"	40	40		40			
	Abraham	1	1	2	3	"	12	12			12		
	Carried forward	83	84	103	218½	4	874	874	28	58	788		

(9

Roll Continued June 1838

Date 1838	Names of heads of families	No. of Men	" Women	" Children	" Rations entitled to	" Days	" Rations total	Rations Bacon	" Corn	" Corn Meal	" Flour	" Salt	No. of house
June 5	Brought forward	83	84	103	218½	4	874	874	28	58	788		
	The lain	4	2	2	9	4	36	36		36			
	Rakeetolee	4			4	4	16	16		16			14
	Sally		1	2	2	4	8	8		8	8		
	Lydia	3	4		7	4	28	28		28	28		
"	Ally	-	1	2	2	4	8	8	8				
	George	1	3	2	5	4	20	20		20			15
"	John Looking	8	2	1	10½	4	42	42	27	15			
"	Ena tee ke	1	1	5	4½	4	18	18		18			
	Eta nuskee	1	2	2	4	4	16	16		16			16
	Broom	1	2	1	3½	4	14	14		14			
	Pidgeon Roost	2		1	2½	4	10	10		10			
	John	1	3	.	4	4	16	16		16			
	Tom	1	1	2	3	4	12	12		12			17
	Cold Weather	4	3	6	10	4	40	40		40			
	Looni	2	4	5	8½	4	34	34		34			
	Stealer	3	-	-	3	4	12	12		12			18
	D. Buffington	2	2	.	4	4	16	16		16			
	Brown	7	8	3	16½	4	66	66		66			19
	Horace Broom	1	1	4	4	4	16	16		16			
	John	2	3	1	5½	4	22	22		22			20
	Tesuiske	4	1	2	6	4	24	24		24			
	Black Fox	2	2	3	5½	4	22	22		22			
	Paint	2	1	3	4½	4	18	18		18			21
	Chenowee	3	3	4	8	4	32	32		32			
	Dark	3	4	3	8½	4	34	34		34			22
	Arch Wilson	1	2	1	3½	4	14	14		14			
	Blue Bird	1	4	5	7½	4	30	30		30			
	Yoo lah lah	3	1	3	5½	4	22	22		22			
	Tanteskee	1	2	2	4	4	16	16		16			23
	Ehanetus	2	2	3	5½	4	22	22		22			
	Cheonuitesk	1	2	2	4	4	16	16		16			
	Carried over	156	151	173	393½	4	1574	1574	63	[illegible]	788		

10)

Roll continued

Date 1838	Names of heads of families	No. Fellow	" Women	" Children	" Rations entitled to	" Days	Rations total	Ration Bacon	" Corn	" Corn Meal	" Flour	" Salt	
5	Brought forwd.	156	181	173	393½	4	1574	1574	63	723	788		
"	Quitookah	3	1	-	4	4	16	16		16			24
"	Tuee	3	2	1	5½	4	22	22		22			
	Shell	3	2	1	5½	4	22	22		22			
	Aquatahga	2	4	4	8	4	32	32		32			
"	Seeker	9	1	2	11	4	44	44		44			25
"	Bear setting down	2			2	4	8	8		8			
"	Tiger	1			1	4	4	4		4			
"	Am a teek	1			1	4	4	4		4			
"	Sa low ee	3	2		5	4	20	20		20			
	Tom	3	1	2	5	4	20	20		20			20
"	Cootowisk	1			1	4	4	4		4			
"	Big mush	1			1	4	4	4		4			
"	George	1	-		1	4	4	4		4			
"	Little Bird	1	1		2	4	8	8		8			
"	Sister	1			1	4	4	4		4			
"	Chin	3	5	1	8½	4	34	34		34			
"	Sapsucker	2	5	2	8	4	32	32		32			27
-	Fodder	4	1	2	6	4	24	24		24			
"	Jack Woodet	1			1	4	4	4		4			
"	Young Squirrell	2	1	-	3	4	12	12		12			28
"	Cheahnunah		1	2	2	4	8	8		8			
"	Cul ah se geety	3	1	-	4	4	16	16		16			
"	Jackson Grimmit	5	4	1	9½	4	38	38		38			
"	Soowech	1	1	2	3	4	12	12		12			
"	The Culler	1	-		1	4	4	4		4			2
"	Neetooyah	5	3		8	4	32	32		32			
"	Field	4	4	4	12	4	48	48		48			
		222	193	197	510½	4	2054	2054	63	1203	788		

(10

Roll Continued -

Date 1838 June	Names of heads of families	No. Men	" Women	" Children	" Rations entitled to	" Days	" Rations Total	Rations Bacon	" Corn	" Corn Meal	" Flour	" Salt	
5	Brought forward	222	193	197	513½	4	2054	2054	63	1203	788		—
"	Six killer	7	3	5	12½	4	50	50		50			30
"	Tooni	2	1	3	4½	4	18	18		18			
"	Cowanana	4	1	3	6½	4	26	26		26			
"	Diver	1	.	-	1	4	4	4		4			
"	Three killer	2	2	1	4½	4	18	18		18			
		238	200	209	542½	4	2170	2170	63	1319	788		
	Return No. 5												
6	Oahultooka	1	2	1	3½	3	10½	10½	—	-	10½		
"	Utsah	1	3	2	5	3	15	15			15		42
.	Healer	1	1	2	3	3	9	9			9		
	Gok tokah	2	1	-	3	3	9	9	9		[illegible]		
	Butterfly	1			1	3	3	3	3		[illegible]		
	Hungry	1	1	1	2½	3	7½	7½	7½		[illegible]		
	Was Clad	1	1	1	2½	3	7½	7½	7½		11½		34
	Tiger	2	,	2	8	3	24	24	12½		[illegible]		
	Spring Frog	1	2	2	4	3	12	12			12		
	Cloud	2	1	3	4½	3	13½	13½			13½		—
	Going to write	2	2	2	5	3	15	15	15		[illegible]		
	Oo-tuskah	2	2	3	5½	3	16½	16½	15		[illegible]		35
	Oo te ti	3	5	1	8½	3	25½	25½			25½		—
	Tracker	7	7	5	6½	3	19½	19½	19½		[illegible]		
	Kah ah tah	1	3	1	4½	3	13½	13½	13½		[illegible]		
	Paint	-	2	3	3½	3	10½	10½			10½		—
	John	3	2	1	5½	3	16½	16½			16½		
	Beetle	1	1	3	3½	3	10½	10½	10½		[illegible]		
	Cnulogu te ka	1	2	-	3	3	9	9	9		[illegible]		
	Spring frog	1	1	3	3½	3	10½	10½			10½		
	Carried over	29	39	36	86	,	258	258	122		136		

12)

Roll - Continued

Date 1838	Name of heads of families	No. of Men	Women	Children	Rations entitled to	Days	Rations Total	Ration Bacon	Corn	Corn Meal	Flour	Salt
June 1	Brought over	29	39	36	86	3	258	258	122	136		
"	George	2	1	-	3	3	9	9	9			
"	Bell Weather	1	1		2	3	6	6			6	
"	Peggy	1	2	2	4	3	12	12	12			
"	Standing Buffaloe	1	2	3	4½	3	13½	13			13½	
"	Staff	1			1		3	3			3	
"	William	2			2		6	6			6	
"	Timpson	1			1		3	3			3	
"	Ellis Hogny	4	4	4	10		30	30	30		—	
"	Alexander		2		3		9	9			9	
"	Little Heart	2			2		6	6			6	
"	Muskrat	2	3	4	7		21	21			21	
"	Johnson	1			1		3	3	3			
"	Ahseene	1			1		3	3	3			
"	Talahseene	4	2	2	7		21	21			21	
"	Sorena	1	3	4	6		18	18	18			
"	Teeskee	3	2	4	7		21	21	9		12	
"	Susan Hair & Betsy		2		2		6	6			6	
"	Betsy	1	2	2	4		12	12			12	
		58	65	61	153½	3	460½	460½	206	136	118½	
	Return No 6											
7	Arky Foster	2	2	4	6	2	12	12			12	
		2	2	4	6	2	12	12			12	
	Return No 7											
8	John Look	sick	2						10			

(13

Roll continued

1838 June	Names of heads of families	No. of Men	No. of Women	No. of Children	Whole No. in families	No. of Days	No. of Rations Due	Rations Bacon	" Corn	" Corn Meal	" Flour	" Salt	
9	Bird & Sydia	7	6	6	11	4	44	44	30	..	14		7
"	Tooni	7	4	1	8½	4	34	34	34	–	—		18
"	Stealer	3			3	4	12	12	8		4		
"	D Buffington	2	2		4	4	16	16	–		16		
"	Crowmocker	6	8	4	16	4	64	64	40		24		1
"	Kueche & Pidgeon Roost	7	3	1	10½	4	42	42	30		12		
"	Deer Biter	3	8	14	18	4	72	72	50		22		2
"	Horace Broom	1	1	4	4	4	16	16	16				20
	John	2	2	1	4½	4	18	18	18				
	Tesicaske	4	1	2	6	4	24	24	20		4		
	Black Fox	2	2	3	5½	4	22	22	26		16		
	Ut i he, Robt. & George	6	1	1	7½	4	30	30	20		10		
	Going & Oo le te	7	9	6	19	4	76	76	60		16		
	Warclub, Tiger & Cloud	6	9	8	19	.	76	76	60		16		
	Coowa na na												
	Lion & Threekiller	5	3	14	15	4	60	60	40		20		31
	Young Beaver & Worter	3	3	5	8½	4	34	34	20		14		48
	Utsah & Butterfly	7	6	5	15½	4	62	62	50		12		3
	Paint & Chenowe	5	4	6	12	4	48	48	40		8		25
	Dark - A. Wilson & Blue bird	5	10	9	19½	4	78	78	60		18		24
	Tracker & Paint -	3	7	8	14	4	56	56	40		16		
	Fire Killer & W. Vann	3	6	8	13	4	52	52	40		12		46
	Coshulookah	1	2	1	3½	4	14	14	10		4		32
	John Pelone & Tookah	6	6	4	14	4	56	56	40		16		9
	Leecher, Salowe												
	Bear setting down	16	3	2	20	4	80	80	60		20		21
	Tumprow & Hogmy	5	4	4	11	4	44	44	42	–	2		
	Alexander & Settlement	3	2	–	5	4	20	20			20		43
	Muskrat	2	3	4	7	4	28	28	28				
	Carried over -	117	115	125	296½	4	1178	1178	862		316		

14) Roll continued

Date 1838 June	Names of Heads of families	No. of Men	No. Women	Children	Rations entitled	Days	Rations total	Ration Bacon	Corn	Corn Meal	Flour	Salt
9	Brought over	117	115	125	294½	4	1178	1178	862	-	316	
	Riddle, Young Duck & The stands	4	3	4	9	4	36	36	20	-	16	
	Cheahnunah Culahsugest & Jackson Grimmit	9	7	5	18½	4	74	74	60		14	
	Green & Sockinne	6	6	8	16	4	64	64	50		14	
	Bear, James	4	1	-	5	4	20	20			20	
	Money stealer Mankiller	2		-	2	4	8	8	8			
	Etahle, Eli Faught	2	-	-	2	4	8	8	8			
	Rehenah	3	4	3	8½	4	34	34	34			
	Acky Foster	2	3	4	7	4	28	28	20		8	
	Diannah	3	4	4	9	4	36	36	20		16	
	Johnson, Ahsene Telasse na & sound	7	5	4	14	4	56	56	40		16	
	Dog, Young squirrel Fodder & J. Ulsodit	9	7	4	18	4	72	72	60		12	
	Old Field Netooyah & Callen	10	7	4	21	4	84	84	60		24	
	Letme strike him Red Bird & Abram	7	6	11	18½	4	74	74	60		14	
	Enatee & Muss	6	6	10	17	"	68	68	50		18	
	Sixkiller & Tooni	9	4	8	17	"	68	68	50		18	
	Jackson & Alcorn	2	-	8	6	"	24	24	10	-	14	
	Ash hopper	4	3	7	10½	"	42	42	30		12	
	Tootahtah & Co.	7	7	5	16½	"	66	66	50		16	
	Eight killer	8	4	6	15	"	60	60	50		10	
	Betsy	5	8	5	15½	"	62	62	50		12	
	Betsy McDaniel	-	2	-	2	"	8	8	-		8	
	Carried forward	226	204	225	542½	4	2170	2170	1592		578	

Roll continued) (15

Date 1838 June	Names of heads of families	[illegible]	[illegible]	[illegible]	[illegible]	Days	[illegible]	Bacon	Corn	Corn Meal	Flour	Salt
9	Brought forw^d	226	204	225	542½	4	2170	2170	1592		578	
"	Rising Fawn & Sally	4	5	6	12	4	48	48	30	-	18	
"	Quatooskah	3	1	-	4	4	16	16	16			
"	Chavee	3	2	1	5½	"	22	22	22			
"	Shell	3	2	1	5½	"	22	22	22			
"	Aquo wega	7	4	4	8	"	32	32	-		32	
"	Phelam & Ka sa to tee	10	2	2	13	"	52	52	40		12	
"	Sally Lyfin	3	5	2	9	"	36	36	20		16	
"	Black Hair	2	2	2	5	4	20	20	10		10	
"	John, Tom, & Old weather	6	7	8	17	"	68	68	50	-	18	
"	Tom. Little Bird Chunn & Lister	11	7	5	20½	"	82	82	62		20	
"	John, Bottle & Spring frog	5	4	7	12½	"	50	50	40	-	10	
"	Oo coo see	3	2	-	5	"	20	20		20		
"	Hornoing	2	4		4	"	16	16		16		
"	Kuwe ta kee	2	9	3	12½	"	50	50		50		
"	Charley	1	2	2	4	"	16	16		16		
"	Tobacco Eater	2	3	2	6	"	24	24		24		
"	All day	2	1	1	3½	"	14	14		14		
"	Seed	3	4	3	8½	"	34	34		34		
"	Mixt water	4	5	3	10½	"	42	42		42		
"	Head eater	5	1	-	6	"	24	24		24		
"	Young Turkey	1	2	—	3	"	12	12		12		
"	Rabbit	1	1		2	"	8	8		8		
"	Hot house	1	1	2	3	"	12	12	--	12		
"	Turkey	2	2	3	5½	"	22	22		22		
"	~~[illegible]~~	~~3~~	~~2~~	~~2~~	~~[illegible]~~		~~24~~	~~24~~		~~24~~		
"	Young Turkey & Betsy	1	2	-	3	"	12	12		12		
	Carried over	308	282	282	731	4	2924	2924	1904	306	714	

16) Roll Continued

Date 1838 June	Names of heads of families	No. of Men	No. of Women	No. of Children	No. of Rations entitled to	No. of Days	No. of Rations total	Rations Bacon	Corn	Corn Meal	Flour	Salt
9	Brought over	308	282	282	731	4	2924	2924	1904	306	714	
	Smoker	1	3	1	4½	4	18	18	--	18		
	George, John, Mahke, Robert & Black Fox	6	1	1	7½	4	30	30	–	30		
	Phelam	6	2	2	9		36	36	36			
	Rasatole	4			4		16	16		16		
	Lydia	3	4	–	7		28	28		28		
	Sally		1	—	1		4	4	4			
	George, Olly & John Looking	10	6	5	18½	4	74	74	40	34		
		338	299	291	782½	4	3130	3130	1984	432	714	
	Return No. 8											
10	Che tah ho	–	6	3	7½	3	22½	22½	15	7½		
	Aiky	2	3	1	5½	3	16½	16½	11	5½		
	Young Wolf	5	3	3	9½	3	28½	28½	19	9½		
	Sutteeyah	4	4	3	9½	3	28½	28½	19	9½		
	Arch Scutta	3	3	–	6	3	18	18	12	6		
	Tramper	2	2	1	4½	3	13½	13½	9	4½		
	Anny	3	2	3	6½	3	19½	19½	13	6½		
	Woman	1	1	2	3	3	9	9	6	3		
	Three	5	6	4	13	3	39	39	26	13		
	Tooni	3	4	4	9	3	27	27	18	9		
	Chenooteekeskee	8	11	7	22½	3	67½	67½	45	22½		
	Rice Silk	5	5	5	12½	3	37½	37½	25	12½		
	Tesanteeka	2	3	1	5½	3	16½	16½	11	5½		
	Noise	4	2	2	7	3	21	21	14	7		
	Joe	1	3	2	5	3	15	15	10	5		
	Carried forward	43	58	41	126½	-	379½	379½	253	126½		

****

Acct continued (17

Date 1838 June	Names of heads of families	No. of Men	Women	Children	Rations entitled	Days	Rations total	Ration Bacon	Corn	Corn Meal	Flour	Salt
10	Brot forward	45	58	41	[illegible]	3	379½	379½	253	[illegible]		
"	William	5	6	-	11	3	33	33	22	11		
"	Ceasar	2	1	1	3½	"	10½	10½	7	3½		
"	Soap	1	1	2	3	"	9	9	6	3		
"	Seeds	7	6	2	9	"	27	27	18	9		
"	Cat	2	3	5	7½	"	22½	22½	15	7½		
"	George	2	2	3	5½	3	16½	16½	11	5½		
"	Hooping	2	2	-	4	"	12	12	8	4		
"	Crawfish	2	5	3	8½	"	25½	25½	17	8½		
"	Tooka Uwanahi	1	2	3	4½	"	13½	13½	9	4½		
"	Katy	1	1	2	3	"	9	9	6	3		
"	Ooti se Cah	4	3	2	8	"	24	24	16	8		
"	Con chu gu	4	2	4	8	"	24	24	16	8		
"	Tracking	2	3	2	6	"	18	18	12	6		
	Ben	3	1	2	5	"	15	15	10	5		
	Harry	3	3	-	6	"	18	18	12	6		
	Ulyhuskee	3	5	4	10	"	30	30	20	10		
	Sow	3	1	3	5½	"	16½	16½	11	5½		
"	Kuskauga	4	2	-	6	"	18	18	12	6		
	Ned	3	2	2	6	"	18	18	12	6		
	Panther	3	3	2	7	"	21	21	14	7		
"	Inkstand	2	2	1	4½	"	13½	13½	9	4½		
"	Puller	2	3	2	6	"	18	18	12	6		
"	Duck	6	3	5	11½	"	34½	34½	23	11½		
"	George	3	7	5	12½	"	37½	37½	25	12½		
"	George	1	2	-	3	"	9	9	6	3		
"	Go a Stray	5	3	-	8	"	24	24	16	8		
"	Charley	3	2	-	5	"	15	15	10	5		
"	Rily	1	3	3	5½	"	16½	16½	11	5½		
	Carried over	123	[illegible]	[illegible]	[illegible]		[illegible]	[illegible]	[illegible]	[illegible]		

(8) Roll continued

Date 1838 June	Names of heads of families	No. Adults	Women	Children	Ration entitled to	Days	Ration Total	Bacon	Corn	Corn Meal	Flour
18	Brot over	123	137	99	309½	3	928½	928½	619	309½	
	Conesteeko	3	2	2	6	3	18	18	12	6	
	Skuka	1	6	6	10	"	30	30	20	10	
	~~Whitaker~~	~~4~~	~~6~~	~~6~~	~~13~~	~~"~~	~~39~~	~~39~~	~~26~~	~~13~~	
	Tenowe	2	2	2	5	"	15	15	10	5	
	Deaunah	3	1	4	6	"	18	18	12	6	
	Tetesud	3	3	1	6½	"	19½	19½	[illegible]	6½	
	Trap	11	11	7	25½	"	76½	76½	5[illegible]	25½	
	Geo. Proctor	2	4	6	9	"	27	27	18	9	
	John	3	4	3	8½	"	25½	25½	17	8½	
	Shatup	3	1	3	5½	"	16½	16½	11	5½	
	Hogtoter	5	4	2	10	"	30	30	20	10	
	Elowee	4	1	4	7	"	21	21	14	7	
	Windblower	2	2	4	6	"	18	18	12	6	
	Teetehoy	3	4	3	8½	"	25½	25½	17	8½	
	Tal coskee	2	2	3	5½	3	16½	16½	11	5½	
	Snake	2	2	-	4	"	12	12	8	4	
	Eagle Roost	2	3	3	6½	"	19½	19½	13	6½	
	Dropt off	2	1	1	3½	"	10½	10½	7	3½	
	Nancy	2	2	2	5	"	15	15	10	5	
	Hunting Water	1	3	1	4½	"	13½	13½	9	4½	
	Crow	3	4	4	9	"	27	27	18	9	
	John	1	7	4	10	"	30	30	20	10	
	Good money	7	3	5	12½	"	37½	37½	25	12½	
	Send him off	3	2	6	10	"	30	30	20	10	
	Six killer	5	8	4	15	"	45	45	30	15	
	Duck	9	6	5	17½	"	52½	52½	35	17½	
	Yellowhammer	4	8	4	14	"	42	42	28	14	
	Blackbird	2	[illegible]	5	10½	"	31½	31½	21	10½	
	Carried forwd.	217	237	193	550½	"	1651½	1651½	1101	550½	

(19)

Roll continued

Date 1838 June	Names of heads of families	No. of Men	" Women	" Children	" " Ration entitled to	" Days	" " Rations Total	Rat Bacon	" Corn	" Corn & Meal
10	Brought forw'd	217	237	193	550½	3	1651½	1651½	1101	550½
	Ah soo tee	5	3	2	9	3	27	27	18	9
	Noisy	3	2	3	6½	"	19½	19½	13	6½
	Te haw he	4	1	-	5	"	15	15	10	5
	Old	4	3	6	10	"	30	30	20	10
	Black Fox	2	5	-	7	"	21	21	14	7
	Ah salatah	2	2	2	5	"	15	15	10	5
	Jack	1	2	5	5½	"	16½	16½	11	5½
	Tarapin	2	2	3	5½	"	16½	16½	11	5½
	Too tat hum	2	-	1	2½	"	7½	7½	5	2½
	Fourkiller	1	3	4	6	"	18	18	12	6
	Tookah	3	4	1	7½	"	22½	22½	15	7½
	Charley	2	6	1	8½	"	25½	25½	17	8½
	Chunaake	2	3	3	6½	"	19½	19½	13	6½
	Coo a soo a	3	4	1	7½	"	22½	22½	15	7½
	Black Snake	1	2	2	4	"	12	12	8	4
	Thompson	3	3	8	10	"	30	30	20	10
	Dry	4	4	5	10½	"	31½	31½	21	10½
	Tickler	4	2	2	7	"	21	21	14	7
	Tail	1	3	2	5	"	15	15	10	5
	Witch	3	2	5	7½	"	22½	22½	15	7½
	Teacher	4	3	3	8½	"	25½	25½	17	8½
	Sweet Ears	7	6	8	17	"	51	51	34	17
	Laughing Pounch	3	2	1	5½	"	16½	16½	11	5½
	Go back	3	6	3	10½	"	31½	31½	21	10½
	Hawk	4	4	2	9	"	27	27	18	9
	Squirrell	5	3	-	8	"	24	24	16	8
	Eah tah kah	6	3	1	9½	"	28½	28½	19	9½
	Striped Blanket	7	3	.	10	"	30	30	20	10
	Carried over	308	323	267	764½	3	2293½	2293½	1529	764½

(20)

Roll Continued

1838 June	Names of heads of families	No. of Men	" Women	" Children	" Rations Total	" Days	" Rations Total	Rat Bacon	" Corn	" Corn Meal	" Flour	
10	Brot over	308	323	267	764½	3	2293½	2293½	1529	764½		
	Sacono	3	4	7	10½	3	31½	31½	21	10½		
	Unawaka	2	4	0	6	"	18	18	12	6		
	Harry	2	3	7	8½	"	25½	25½	17	8½		
	Bear Paw	5	3	3	9½	"	28½	28½	19	9½		
	All in hollow	2	3	–	5	"	15	15	10	5		
	Barrow	2	8	2	11	"	33	33	22	11		
	Rotting Gourd	2	3	1	5½	"	16½	16½	11	5½		
	Telonaski	2	6	2	9	"	27	27	18	9		
	Greenwood	3	3	1	6½	"	19½	19½	13	6½		
	John Steele	1	2	5	5½	"	16½	16½	11	5½		
	Thompson	5	4	1	9½	"	28½	28½	19	9½		
	Crow	8	4	–	12	"	36	36	24	12		
	Guts	2	2	1	4½	"	13½	13½	9	4½		
	Stand before	2	2	1	4½	"	13½	13½	9	4½		
	Jack	5	7	4	14	"	42	42	28	14		
	Water killer	3	3	1	6½	"	19½	19½	13	6½		
	Robin	4	4	6	11	"	33	33	22	11		
	Chickeah	[illegible]	4	4	6	"	18	18	12	6		
	Nanny	2	3	1	5½	"	16½	16½	11	5½		
	Push him out	1	4	1	5½	"	16½	16½	11	5½		
	Buckeye	7	6	4	15	"	45	45	30	15		
	Daniel	5	4	2	10	"	30	30	20	10		
	Gutty	3	3	1	6½	"	19½	19½	13	6½		
	Choxe	4	1	1	5½	"	16½	16½	11	5½		
	John	3	5	2	9	"	27	27	18	9		
	Cheat	2	1	4	5	"	15	15	10	5		
	Mixedup	2	1	4	5	"	15	15	[illegible]	[illegible]		
	Collard	3	2	1	5½	"	16½	16½	11	5½		
	Carried forward	393	422	334	982	3	2946	2946	1964 [crossed-out figure]	982		

Roll Continued

1838 June	Names of head of families	No. of Men	" Women	" Children	" Rations entitled to	" Days	" Rations entitled to	Rec'd Bacon	" Corn	" Corn Meal	" Flour
10	Brot ford	393	422	334	982	3	2946	2946	1964	982	
	Ioo	4	6	4	12	3	36	36	24	12	
	Too now ee	1	2	4	5	"	15	15	10	5	
"	Terrapin Shell	4	3	2	8	"	24	24	16	8	
	Jack	5	4	1	9½	"	28½	28½	19	9½	
	Chickegah	2	5	4	9	"	27	27	18	9	
	Sah Kien	3	3	3	7½	"	22½	22½	15	7½	
"	Culoquatele	6	6	7	15½	"	46½	46½	31	15½	
"	Teeske	2	5	1	7½	"	22½	22½	15	7½	
"	Shooting	5	4	1	9½	"	28½	28½	19	9½	
"	Sunday	2	2	3	5½	"	16½	16½	11	5½	
"	Anny	2	1	5	5½	"	16½	16½	11	5½	
"	Stop	6	5	1	11½	"	34½	34½	23	11½	
	Jimmy	2	3	4	7	"	21	21	14	7	
	Fish	2	2	-	4	"	12	12	8	4	
	Jug	4	3	1	7½	"	22½	22½	15	7½	
	Terrapin	2	5	3	8½	"	25½	25½	17	8½	
"	David	2	3	2	6	"	18	18	12	6	
"	Nah lait lah	1	1	1	2½	"	7½	7½	5	2½	
	Push him off	1	3	1	4½	"	13½	13½	9	4½	
	Nann	-	1	3	2½	"	7½	7½	5	2½	
	Eagle	2	3	7	8½	"	25½	25½	17	8½	
	Raise up his tail	4	4	2	9	"	27	27	18	9	
	Ahenoka	2	3	3	6½	"	19½	19½	13	6½	
	Lassell	2	1	3	4½	"	13½	13½	9	4½	
	Wake him up	3	1	4	6	"	18	18	12	6	
	Uteata	1	-	-	1	"	3	3	2	1	
	Daylight	3	3	4	8	"	24	24	16	8	
	Flies	1	3	6	7	"	21	21	14	7	
	Carried over	467	507	414	1181	3	3543	3543	2362	1181	

(22) Roll continued

Date 1838 June	Names of heads of families	No. of Men	No. of Women	No. of Children	No. of Rations entitled to	No. of Days	No. of Rations total	Rat Bacon	Corn	Corn Meal	Flour
10	Brought forw	487	507	414	1181	3	3543	3543	2362	1181	
"	Tinowee	3	3	3	7½	3	22½	22½	15	7½	
"	Bear	3	12	6	18	"	54	54	36	18	
"	Bean	1	-	-	1	"	3	3	2	1	
"	Mett	1	1	-	2	"	6	6	4	2	
"	Houseburg	1	"		1	"	3	3	2	1	
"	Sufferingforwater	1	2	-	3	"	9	9	6	3	
"	Sampson	2	5	3	8½	"	25½	25½	17	8½	
"	Bear	1	-	-	1	"	3	3	-		3
"	Blue Bird	1	2	-	4	"	12	12	-	12	
"	Wasting	3	2	2	6	"	18	18	12	6	
"	Polly	2	2	1	4½	"	13½	13½	9	4½	
"	Corn Tassel	2	1	1	3½	"	10½	10½	7	3½	
"	Young Turkey	1	-	-	1	"	3	3	2	1	
"	Dogheadbread	5	11	5	18½	"	55½	55½	37	18½	
		495	548	435	1260½	3	3781½	3781½	2511	1267½	3

Return No. 9

Date 1838 June	Names of heads of families	No. of Men	No. of Women	No. of Children	No. of Rations entitled to	No. of Days	No. of Rations total	Rat Bacon	Corn	Corn Meal	Flour
11	Nettle	-	1	-	1	2	2	2		2	
"	Bird	1	"		1	"	2	2		2	
"	Slippery Elm	1	"		1	"	2	2		2	
"	Wm. McKeny	1	-		1	"	2	2		2	
"	Hatcher	2			2	"	4	4		4	
"	Nelly	-	3	1	3½	"	7	7		7	
"	Betsy	[illegible]	[illegible]		1	"	2	2		2	
"	Polly	1	1	-	2	"	4	4		4	
"	Little Meat	2	2	1	4½	"	9	9		9	
"	Little Deer	1	1	-	2	"	4	4		4	
"	Sparrowhawk	2	-	5	4½	"	9	9		9	
"	Hawk	1	2	3	4½	"	9	9		9	
	Carried forward	12	11	10	28	2	56	56		56	

Roll continued

123

1838 June	Names of heads of families	No. of Men	″ Women	″ Children	″ Rations entitled	″ Days	″ Rations total	Rations Bacon	″ Corn	Corn Meal	″ Flour
11	Brought forward	12	11	10	28	2	56	56		56	
″	Downing	7	13	7	23½	2	47	47	23	24	
″	David	9	6	1	15½	2	31	31	16	15	
″	Go to Sleep	5	6	1	11½	″	23	23	12	11	
″	Jesse Barrow	5	8	1	13½	″	27	27	[illegible]	27	
″	Savageoa	3	3	1	6½	″	13	13		13	
″	Basket	1	3	2	5	″	10	10		10	
″	Cabbage	3	2	-	5	″	10	10		10	
		45	52	23	108½	″	217	217	51	166	
	Return No. 10										
12	Nettle	-	1	-	1	4	4	4	2	2	
″	Betsy	1	1	-	2	″	8	8	4	4	
″	Little Deer	1	1	-	2	″	8	8	4	4	
″	Chicken Snake	4	3	3	8½	″	34	34	25½	8½	
″	Fidler	3	2	4	7	″	28	28	21	7	
″	Cold Weather	6	4	-	10	″	40	40	30	10	
″	Tusko	4	1	2	6	″	24	24	18	6	
″	Eight Killer	4	2	″	6	″	24	24	18	6	
″	Mocking Crow	6	8	4	16	″	64	64	48	16	
″	Bird	2	4	4	8	″	32	32	24	8	
″	Rising Fawn	4	3	6	9	″	36	36	27	9	
″	Chavers	4	2	6	9	″	36	36	27	9	
″	George	3	1	-	4	″	16	16	12	4	
″	Narstatchy	4	3	5	9½	″	38	38	28½	9½	
″	Three Killer	2	2	1	4½	″	18	18	13½	4½	
″	Dave Buffington	3	3	6	9	″	36	36	27	9	
″	Toomi	1	1	5	4½	″	18	18	13½	4½	
″	Cheu le hoy	3	4	3	8½	″	34	34	25½	8½	
	Carried forward	55	46	47	124½		498	498	368½	129½	

(24) Roll Continued

1838	Names of heads of families	No. of Men	" Women	" Children	" Rations entitled to	" Days	" Rations total	Ration Bacon	" Corn	" Corn Meal	" Flour
June 13	Brot forward	55	46	47	124½	4	498	498	368½	129½	
	Suds	3	4	3	8½	"	34	34	25½	8½	
	Agueeche	3	3	3	7½	"	30	30	22½	7½	
"	Tramper	2	3	-	5	"	20	20	15	5	
	John Pelone	3	3	3	7½	"	30	30	22½	7½	
	Sparrow Hawk	2	5	1	7½	"	30	30	22½	7½	
	Chan e tus	4	2	3	7½	"	30	30	22½	7½	
	Utesah	2	4	4	8	"	32	32	24	8	
	John	3	2	1	5½	"	22	22	16½	5½	
	Muskrat	5	3	4	10	"	40	40	30	10	
	Shell Tull	6	4	2	11	"	44	44	33	11	
"	Tracker	3	5	6	11	"	44	44	33	11	
"	Elowee	1	1	4	4	"	16	16	12	4	
"	Rattling Gourd	2	3	1	5½	"	22	22	16½	5½	
"	Thompson	6	4	3	11½	"	46	46	34½	11½	
"	Slipping Elisd	1	1	-	2	"	8	8	6	2	
"	Ketcher	2	-	-	2	"	8	8	6	2	
"	~~Betsy~~	2	4	6	9	"	36	36	27	9	
"	Holly	1	3	1	4½	"	18	18	13½	4½	
"	Standing Buffalo	1	2	3	4½	"	18	18	13½	4½	
"	Battle	1	1	3	3½	"	14	14	10½	3½	
"	Dark & G. Bird	4	8	6	15	"	60	45	45	15	
"	Basket	5	4	2	10	"	40	40	30	10	
"	Spring frog	1	3	2	5	"	20	20	15	5	
"	Going to write	2	3	2	6	"	24	24	18	6	
	Parrot	2	1	1	3½	"	14	14	10½	3½	
"	Deer coming	3	3	4	8	"	32	32	24	8	
"	All in Hollow	3	2	-	5	"	20	20	15	5	
"	Go back	3	6	3	10½	"	42	42	31½	10½	
	Carried forward	131	133	118	323		1292	1292	964	328	

Roll Continued (35

Date 1838 June	Names of heads of families	Males	Women	Children	Rations in total	Dogs	Rations total	Rations Bacon	Rations Corn	Corn Meal	Flour
13	Brot forwd	131	133	118	323	4	1292	1292	964	328	
"	Deer Biter	2	3	7	8½	4	34	34	25½	8½	
"	Whirlwind	1	-	-	1	"	4	4	3	1	
"	George	2	1	1	3½	"	14	14	10½	3½	
"	Black snake	4	2	2	7	"	28	28	21	7	
"	Oo coo sa	4	2	-	6	"	24	24	18	6	
"	Te nowee	3	3	3	7½	"	30	30	22½	7½	
"	Fish	3	3	-	6	"	24	24	18	6	
"	Nah nau tlah	1	1	1	2½	"	10	10	7½	2½	
"	Enarta hee	2	10	3	13½	"	54	54	40½	13½	
"	Ben	1	1	-	2	"	8	8	6	2	
"	Cheat	2	1	4	5	"	20	20	15	5	
"	Cloud	2	1	3	4½	"	18	18	13½	4½	
"	Chu la ga tu ke	3	4	-	7	"	28	28	21	7	
"	Ke ke nah	3	4	5	9½	"	38	38	28½	9½	
"	Coo lar tah	2	2	3	5½	-	22	22	16½	5½	
"	Oo de de a ka	3	5	1	8½	"	34	34	25½	8½	
"	Spring frog	1	1	3	3½	"	14	14	10½	3½	
"	Lieeskee	3	2	4	7	"	28	28	21	7	
"	Mixt water	4	5	3	10½	"	42	42	31½	10½	
"	Sus	3	4	3	8½	"	34	34	25½	8½	
"	All day	2	1	1	3½	"	14	14	10½	3½	
"	Path killer	1	2	1	3½	"	14	14	10½	3½	
"	Tobacco eater	2	3	2	6	-	24	24	18	6	
"	Ahnoo wa ke	2	4	-	6	"	24	24	18	6	
"	Tetahnaske	2	6	2	9	"	36	36	27	9	
"	Akee Foster	2	2	4	6	"	24	24	18	6	
"	Cabbage	3	2	1	5½	"	22	22	16½	5½	
"	Chue ee	4	1	1	5½	"	22	22	16½	5½	
	Carried forward	198	209	176	495		1980	1980	1480	500	

(26)

Roll continued

Date 1838 June	Names of heads of families	No. of Men	" Women	" Children	" Rations in a day	" Days	" Rations total	Rations Bacon	Corn	Corn Meal	Flour	Salt
13	Brought over	198	208	176	495	4	1980	1980	1480	500		
"	Sound	1	4	4	7	"	28	28	21	7		
"	Cow is Cow	3	4	1	7½	"	30	30	22½	7½		
"	Tracker	2	3	2	6	"	24	24	18	6		
"	John	4	1	–	5	"	20	20	15	5		
"	Cah uh na ho	5	7	4	14		56	56	42	14		
"	Washington Burns	4	5	4	11		44	44	33	11		
"	George	3	7	5	12½		50	50	37½	12½		
	Little Meat	4	2	1	6½		26	26	19½	6½		
	Borrowing	2	2		4		16	16	12	4		
	Peggy	1	2	2	4		16	16	12	4		
	Tu hul lu cah	1	2	1	3½		14	14	10½	3½		
	Going Turkey	1	"	"	1		4	4	3	1		
	Corn Tassel	2	1	1	3½		14	14	10½	3½		
	Betsy	1	1	3	3½		14	14	10½	3½		
	John Steel	1	2	5	5½		22	22	16½	5½		
	Whirlwind	1	"	"	1		4	4	3	1		
	William	5	6		11		44	44	33	11		
	Green Wood	3	3	1	6½		26	26	19½	6½		
	Betsy	"	1	5	3½		14	14	10½	3½		
	Fire Killer	2	2	5	6½		26	26	19½	6½		
	Cut tu u ah	4	2	1	6½		26	26	19½	6½		
	Collard	3	2	1	5½		22	22	16½	5½		
	Hot house	1	1	2	3		12	12	9	3		
	Charles	3	2		5		20	20	15	5		
	Sal on ee	2	2		4		16	16	12	4		
	Big Path	2	2	1	4½		18	18	13½	4½		
	Davis	5	4	1	9½		38	38	28½	9½		
	Gutts	2	2	1	4½		18	18	13½	4½		
	Carried forward	266	280	227	660		2640	2640	1976	664		

****

Roll continued (27)

Date 1838 June	Names of heads of families	No. Males	" Women	" Children	" Rations entitled to	" Days	" Rations Total	Rations Bacon	Rat. Corn	Cornmeal	" Flour	" Salt
13	Brt. forward	266	280	227	660	4	2640	2640	1976	664		
	Johnson	5	2	3	8½		34	34	25½	8½		
	Red Bird	3	1	3	5½		22	22	16½	5½		
	Charles Crittenden	3	4	.	7		28	28	21	7		
	Johnson	4	3		7		28	28	21	7		
	Stem ta he	6	3	1	9½		38	38	28½	9½		
	Short Arrow	2	6	2	9		36	36	27	9		
	Con a ku ka	3	4	1	7½		30	30	22½	7½		
	Flapping wings	8	10	1	18½		74	74	55½	18½		
	Fox Skin	1	3	1	4½		18	18	13½	4½		
	Old Buck	2	2	1	4½		18	18	13½	4½		
	Pipe	8	6	4	16		64	64	48	16		
	Beaver Toter	1	4	2	6		24	24	18	6		
	Kata		4	1	4½		18	18	13½	4½		
	All Day	1	1	2	3		12	12	9	3		
	Crane	3	4	4	9		36	36	27	9		
	Ben	9	9	2	19		76	76	57	19		
	Toting on back	2	6	4	10		40	40	30	10		
	Soap	3	6	3	10½		42	42	31½	10½		
	Tu nal e gee	1	4		5		20	20	15	5		
	E tor ee	5	5		10		40	40	30	10		
	Robbin	4	2	1	6½		26	26	19½	6½		
	Corn silk	4	2	2	7		28	28	21	7		
	Pipe Brewer	6	3	3	10½		42	42	31½	10½		
	George	5	5	1	10½		42	42	31½	10½		
	Peach Eater	11	10		21		84	84	63	21		
	Too nie	1	3	6	5½		22	22	16½	5½		
	William	5	2		7		28	28	21	7		
	Charles	1	1	1	2½		10	10	7½	2½		
	[illegible]	[illegible]	285	[illegible]	[illegible]		3620	3620	2711	909		

(28)

Roll Continued

Date 1838 June	Names of heads of families	No. of Men	" Women	" Children	" Rations entitled to	" Days	" Rations total	Rations Bacon	" Corn	" Corn Meal	" Flour	" Salt
13	Brot over	373	395	274	905	4	3620	3620	2711	909		
	Arch Witch	3	5	2	9		36	36	27	9		
	Got Nothing	4	10	3	17½		70	70	52½	17½		
	Isaac	2	7	3	10½		42	42	31½	10½		
	Edward Edwards	5	3	1	8½		34	34	25½	8½		
	Echa Chee	3	2	2	6		24	24	18	6		
	Kalu Ho ta	4	6	2	11		44	44	33	11		
	U sa nah	3	2	1	5½		22	22	16½	5½		
	High tower	3	4	2	8		32	32	24	8		
	Moses	1	1	.	2		8	8	6	2		
	Arch	2	2	2	5		20	20	15	5		
	Young Chicken	7	5		12		48	48	36	12		
	Nancy		1		1		4	4	3	1		
	Tomorrow morning	5	4	2	10		40	40	30	10		
	Tos ne	2	2	2	5		20	20	15	5		
	Aah-lu-tsa	8	5	1	13½		54	54	40½	13½		
	Mud Eater	5	3	4	10		40	40	30	10		
	Ned	1	1	2	3		12	12	9	3		
	Chon a yu sa	1	1	1	2½		10	10	7½	2½		
	Tewattee	4	4	2	9		36	36	27	9		
	Side ways	3	5	3	9½		38	38	28½	9½		
	Ages cow	2	5	2	8		32	32	24	8		
	Head down	5	3	-	8		32	32	24	8		
	Tom Killmagen	3	1	2	5		20	20	15	5		
	Branch	2	3	1	5½		22	22	16½	5½		
	Atsouce	11	3	2	15		60	60	45	15		
	Young Turkey	1	2	-	3		12	12	9	3		
	Cooking	6	2	4	10		40	40	30	10		
	Squa da Ritse	1	4	2	6		24	24	18	6		
	Carried forward	492	491	322	1124		4496	4496	3368	1128		

Roll continued (29

Date 1838 June	Names of heads of families	No. of Men	" Women	" Children	" Rations entitled to	" Days	" Rations Flour	Rations Bacon	" Corn	Corn Meal	" Flour	" Salt
13	Bros forwd	472	491	322	1124	4	4496	4496	3368	1128		
	Soap	5	3	2	9	"	36	36	27	9		
"	Ticeske	5	3	2	9	"	36	36	27	9		
"	Glass	5	3	2	8	"	32	32	24	8		
"	Jo	2	9	2	12	"	48	48	36	12		
	Che ah lu cah	1	4	3	6½	"	26	26	19½	6½		
	Cheahmuiah	1	1	2	3	"	12	12	9	3		
"	Chow a yu cah	2	4	2	7	"	28	28	21	7		
"	Stem going	5	5	3	11½	"	46	46	34½	11½		
"	Whiteman	3	5	-	8	"	32	32	24	8		
"	Corn	5	6	2	12	"	48	48	36	12		
"	Crittenden	3	5	-	8	"	32	32	24	8		
"	Daniel	5	4	2	10	"	40	40	30	10		
"	Flower	1	-	-	1	"	4	4	3	1		
"	Squirrel	5	3	-	8	"	32	32	24	8		
"	Wallah cookah	6	4	-	10	"	40	40	30	10		
"	Ao te	2	1	2	4	"	16	16	12	4		
	Blind savannah	4	3	2	8	"	32	32	24	8		
"	Lookah	-	5	2	4	"	16	16	12	4		
"	Walking	4	6	6	13	"	52	52	39	13		
	Dick	2	3	4	7	"	28	28	21	7		
"	Kaskagito	2	2	3	5½	"	22	22	16½	5½		
"	By gone	2	2	-	4	"	16	16	12	4		
	Down to Creek	2	3	3	6½	"	26	26	19½	6½		
"	Henatuhe	3	3	7	9½	"	38	38	28½	9½		
"	Cow	3	7	4	12	"	48	48	36	12		
"	Push them off	2	3	1	5½	"	22	22	16½	5½		
"	Drapt off	1	1	4	4	"	16	16	12	4		
"	Nelson	3	6	-	9	"	36	36	27	9		
	carried forward	556	593	380	1339		5356	5356	4013	1343		

(301)

Roll continued

Date 1838 June	Names of heads of families	No. of Men	" Women	" " Children	" Rations entitled to	" " Days	Rations total	" Bacon	" Corn	Corn meal	Flour
13	Brot over	556	593	380	1339	4	5356	5356	4013	1343	
	Culolatee	2	3	—	5	"	20	20	15	5	
	Old Turkey	2	2	2	5	"	20	20	15	5	
	Amakee	6	6	3	13½	"	54	54	40½	13½	
	Ootoella	6	3	—	9	"	36	36	27	9	
	Blackbird	2	4	6	9	"	36	36	27	9	
	Jenne, Downing	4	7	2	12	"	48	48	36	12	
	Eel catcher	2	4	—	6	"	24	24	18	6	
	E coo e	4	2	3	7½	"	30	30	22½	7½	
	Tookie	-	3	-	3	"	12	12	9	3	
	Crow	8	4	—	12	"	48	48	36	12	
	Dick	6	3	5	11½	"	46	46	34½	11½	
	Ulaheataor	4	4	1	8½	"	34	34	25½	8½	
	Tassee	2	1	3	4½	"	18	18	13½	4½	
	John Allcorn	5	4	1	9½	"	38	38	28½	9½	
	All day	2	1	1	3½	"	14	14	10½	3½	
	Dog for water	1	2	—	3	"	12	12	9	3	
	Yook tah te tah	4	-	.	4	"	16	16	12	4	
	House bug	1	—	—	1	"	4	4	3	1	
	Barrow	2	8	2	11	"	44	44	33	11	
	Saukee	3	3	3	7½	"	30	30	22½	7½	
	Rabbit	1	1	-	2	"	8	8	6	2	
	Charley	1	2	2	4	"	16	16	12	4	
	Black Haw	2	2	2	5	"	20	20	15	5	
	Nancy	1	3	1	4½	"	18	18	13½	4½	
	Susy	—	4	-	4	"	16	16	12	4	
	Swimmer	5	2	3	8½	"	34	34	25½	8½	
	Nancy	1	1	4	4	"	16	16	12	4	
	Phelaw	6	2	2	9	"	36	36	27	9	
	Carried forw-	639	674	426	1526		6104	6104	4574	1530	

(31)

Roll continued

Date 1838 June	Names of heads of families	No. of Men	" Women	" Children	" Rations entitled to	" Days	" Rations Total	Rations Bacon	Rations Corn	Rations Corn Meal	Rations Flour
13.	Brot forwd.	639	674	426	1526		6104	6104	4574	1530	
	Cul an to gun	2	1	1	3½	4	14	14	10½	3½	
	Humming Bird	5	4	2	10	4	40	40	30	10	
	Tom	1	1	2	3	4	12	12	9	3	
	Frog	2	1	5	5½		22	22	16½	5½	
	Flies	4	2	-	6		24	24	18	6	
	Hooping	2	2	-	4		16	16	12	4	
	Tom	1	1	4	4		16	16	12	4	
	John Looking	8	2	1	10½		42	42	31½	10½	
	Watts	3	2	4	7		28	28	21	7	
	Six killer	5	8	4	15		60	60	45	15	
	Susannah Hare	-	1	-	1		4	4	[illegible]	4	
	Bear sitting down	2	2	-	4		16	16	12	4	
	Cabbage	3	2	1	5½	4	22	22	16½	5½	
	Wy yoo caih	7	2	-	4		16	16	12	4	
	Wa loo kah	3	4	1	7½		30	30	22½	7½	
	Hawk	4	4	2	9		36	36	27	9	
	Sawne	3	4	7	10½		42	42	31½	10½	
	John	3	2	1	5½		22	22	16½	5½	
	Squar ne	2	2	-	4		16	16	12	4	
	David	9	6	1	15½		62	62	46½	15½	
	Sug	3	4	1	7½		30	30	22½	7½	
	Striped blanket	7	3	-	10		40	40	30	10	
	Bear Raw	5	5	3	11½		46	46	34½	11½	
	Davis	4	1	2	6		24	24	18	6	
	Susy	2	3	-	5		20	20	15	5	
	Go to sleep	5	6	1	11½		46	46	34½	11½	
	Moses Downing	7	13	7	23½		94	94	70½	23½	
	Bush head	1	9	½	3		12	12	9	3	
	Return No. 11	737	764	476	1739		6956	6956	5207	1749	

(32)

Roll continued.

1838 June	Names of heads of families	No. of Men	Women	Children	Rations entitled to	Days	Rations total	Rations Bacon	Corn	Corn Meal
14	Tonowee	3	3	=	6	3	18	18	12	6
	Bitsy	"	2		2	3	6	6	4	2
	Jack Miller	3	2	–	5	3	15	15	10	5
	Diver	1	=	–	1	3	3	3	2	1
	Daylight	2	4	2	7	3	21	21	14	7
	Sicut	2	2	–	4	3	12	12	8	4
	Cow	1	1	1	2½	3	7½	7½	5	2½
	James	1	=	=	1	3	3	3	2	1
	Bush head	1	–	–	1	3	3	3	2	1
	Jack	4	2	5	8½	3	25½	25½	16½	8½
		18	16	8	38		114	114	76	38
	Return No. 12									
15	Alecy	1	4	=	5	2	10	10	5	5
	Teacher	4	3	5	9½	2	19	19	9½	9½
	Dog head bread	6	11	6	20	2	40	40	20	20
	Smoker	1	3	2	4½	2	9	9	4½	4½
	Swap Skin	3	2	=	6	2	12	12	6	6
	Peace eater	11	10	1	21½	2	43	43	21½	21½
	Tah lis Kee	4	3	2	8	2	16	16	8	8
	Soap	2	=	=	2	2	4	4	2	2
	Lucy	=	2	2	3	2	6	6	3	3
	Susa	=	4	=	4	2	8	8	4	4
	Hungry	1	1	1	2½	2	5	5	2½	2½
	George	5	6	2	12	2	24	24	12	12
	Tu lons Laske	7	7	5	16½	2	33	33	16½	16½
	Too ni	3	3	4	8	2	16	16	8	8
	Cag	1	=	=	1	2	2	2	1	1
	Nancy	2	2	3	5½	2	11	11	5½	5½
	Zufum	2	1	3	4½	2	9	9	4½	4½

(53)

Roll Continued.

1838 June	Names of heads of families	No. of Men	" Women	" Children	" Rations entitled to	" Days	" Rations Total	Rations Bacon	" Corn	" Corn Meal
15	Brot forward	53	62	35	132½	2	265	265	132½	132½
	Oo-coosa	2	2	-	4	2	8	8	4	4
	Picking Brush	6	4	1	10½	"	21	21	10½	10½
		61	68	36	147		294	294	147	147
	Return No. 13.									
16	Hunter Laugly [?]	2	-	2	3	1	3	3	1½	1½
"	Chacoe you ka	1	2	-	3	1	3	3	1½	1½
"	Scrape shin	2	5	1	7½	1	7½	7½	3½	4
"	Mi tan to	3	4	-	7	1	7	7	4	3
"	Holly	5	6	-	11	1	11	11	5	6
	Standing Wolf	3	4	8	11	1	11	11	5½	5½
	Yellow hammer	4	8	4	14	1	14	14	7	7
"	Wm Proctor	3	6	2	10	-	10	10		10
"	Dragon	1			1		1	1		1
"	Thomas	1	—		1		1	1		1
"	Tee e teeskee	3	2	2	6	"	6	6		6
"	Drowning Bear	1	3	1	4½		4½	4½		4½
"	Swann	2	2	1	6½		6½	6½		6½
"	Lying Rock	3	1	-	4		4	4		4
"	Bo Tiecco [?]	5	8	8	17		17	17		17
"	Sam Grasshopper	4	3	1	7½		7½	7½		7½
"	Chicken Snake	1	-	-	1		1	1		1
"	Sanders	2	2	1	4½		4½	4½		4½
"	Tom Saunders	1	2	-	3		3	3		3
	John Proctor	5	8	2	14		14	14		14
"	Six a bi ke	6	5	1	11½	1	11½	11½		11½
	W. Downing	3	2	-	5	1	5	5		5
"	Ske u cha	6	2	1	8½	1	8½	8½		8½
"	Saml. Downing	6	6	-	12	1	12	12		12
	Carried forward	75	81	35	173½		173½	173½	28	145½

****

347

1838 June	Names of heads of Families	Full Men	Women	Children	Rations entitled to	Days	Rations Total	Bacon	Corn	Meal
16	Brot over	75	81	35	173½		173½	173½	28	145½
"	Wat was see	2	5	1	7½	1	7½	7½	---	7½
"	Ah se now e	2	2	3	5½	1	5½	5½		5½
"	Charle	1	2	–	3	1	3	3		3
"	Kah we nos kee	5	4	–	9	1	9	9		9
"	Ote i kigh	4	4	2	9	1	9	9		9
"	Ca la les ke	4	2	1	6½	1	6½	6½		6½
"	Moses	5	7	3	13½	1	13½	13½		13½
"	Sanders	5	4	–	9	1	9	9		9
"	Te now ee	2	3	1	5½	1	5½	5½		5½
"	Ah nu gees ko	2	3	2	6	1	6	6		6
"	Chew ee	2	1	1	3½	1	3½	3½		3½
		109	118	49	251½		251½	251½	28	223½
	Return No. 14									
17	E. Crittendon	3	4	–	7	2	14	14	7	7
"	John Allcorn	5	4	1	9½	2	19	19	9½	9½
"	Humming Bird	5	4	2	10	2	20	20	10	10
"	Alec Foster	2	2	4	6	"	12	12	6	6
"	Ca es cau	3	4	1	7½	"	15	15	7½	7½
"	Jesse Brewer	6	3	3	10½	"	21	21	10½	10½
"	Tracker	5	5	6	13	"	26	26	13	13
"	Nancy	1	3	1	4½	"	9	9	4½	4½
"	Swimmer	5	2	3	8½	"	17	17	8½	8½
"	Cooking	6	6	4	14	"	28	28	14	14
"	Tim Kellinger	3	1	2	5	"	10	10	5	5
"	Betsy	1	1	3	3½	"	7	7	3½	3½
"	Short Arrow	2	6	2	9	"	18	18	9	9
"	Soap	3	6	3	10½	"	21	21	10½	10½
"	Spring frog	1	3	2	5	"	10	10	5	5
	Carried forward	51	54	37	123½		247	247	123½	123½

155

	Names of Heads of Family	No of Men	Women	Children	Rations in titled To	Days	Rations Total	Bacon	Corn	Meal
17	Brot forwd	51	54	37	123½	2	247	247	123½	123½
	D Buffington	3	3	6	9	"	18	18	9	9
	Coalestah	2	2	3	5½	"	11	11	5½	5½
	Te wal ee	4	4	2	9	"	18	18	9	9
	Young Chicken	7	5	–	12	"	24	24	12	12
	Crittendon	3	5	2	9	"	18	18	9	9
	Tomorrow morning	5	4	2	10	"	20	20	10	10
	Trumpet	2	3	–	5	"	10	10	5	5
	Butterfly	–	1	1	1½	"	3	3	1½	1½
"	Morse	1	1	–	2	"	4	4	2	2
"	Wah tah too	6	4	–	10	"	20	20	10	10
"	Too ni	1	1	5	4½	"	9	9	4½	4½
"	John	3	2	1	5½	"	11	11	5	5
"	Jesse	8	6	4	16	"	32	32	16	16
"	Got nothing	6	10	3	17½	"	35	35	17½	17½
"	William	5	2	–	7	"	14	14	7	7
"	Young Turkey	1	–	–	1	"	2	2	1	1
"	Cabbage	3	2	1	5½	"	11	11	5½	5½
	By gone	2	3	–	5	"	10	10	5	5
"	Tah Tiskee	4	3	2	8	"	16	16	8	8
"	Nelson	3	6	–	9	"	18	18	9	9
"	Betsy	–	2	–	2	"	4	4	2	2
"	Bottle	1	1	3	3½	"	7	7	3½	3½
"	Cheat	2	1	4	5	"	10	10	5	5
"	Tu ke hoy	3	4	3	8½	"	17	17	8½	8½
"	Ague chee	2	2	–	4	"	8	8	4	4
"	Enah ta he	2	10	3	13½	"	27	27	13½	13½
"	George	3	7	5	12½	"	25	25	12½	12½
"	Sound	1	1	4	4	"	8	8	4	4
	Carried forward	134	149	91	328½		657	657	328½	328½

165

1838 June	Names of Heads of Family	No of Men	Women	Children	R. [illegible]	Days	Rations Total	Bacon	Corn	Meal	Flour
17	Brot over	134	149	91	328½	2	657	657	328½	328½	
	Draft off	2	1	1	3½	2	7	7	3½	3½	
	Black snake	4	2	2	7	"	14	14	7	7	
	Betsy	-	1	5	3½	"	7	7	3½	3½	
	Star going	5	5	3	11½	"	23	23	11½	11½	
	Horace Brown	2	-	-	2	"	4	4	2	2	
	Push them off	2	3	1	5½	"	11	11	5½	5½	
	Nahnait cah	1	1	1	2½	"	5	5	2½	2½	
	Elowii	1	1	4	4	"	8	8	4	4	
	Corn silk	4	2	2	7	"	14	14	7	7	
	Nancy	2	2	3	5½	"	11	11	5½	5½	
	Wei cos kah	3	4	1	7½	"	15	15	7½	7½	
	Tracker	2	3	2	6	"	12	12	6	6	
	George	2	1	1	3½	"	7	7	3½	3½	
	Deer coming	3	3	4	8	"	16	16	8	8	
	Smoker	1	3	1	4½	"	9	9	4½	4½	
	Red Bird	3	5	3	9½	"	19	19	9½	9½	
	Glass	5	3	-	8	"	16	16	8	8	
	Susy	2	3	-	5	"	10	10	5	5	
	Ah in cah	8	5	1	13½	2	27	27	13½	13½	
	E tow ee	5	5	=	10	2	20	20	10	10	
	Deer Biter	2	3	7	8½	2	17	17	8½	8½	
	Ske ee Kah	6	2	1	8½	2	17	17	8½	8½	
	All in Hollow	2	3	=	5	2	10	10	5	5	
	Ah now a	2	4	=	6	2	12	12	6	6	
	Toting on Back	2	6	4	10	2	20	20	10	10	
	Coon	5	6	2	12	2	24	24	14	14	
	Branch	2	3	1	~~6~~ 5½	~~2~~	~~12~~ 11	~~12~~ 11	~~6~~ 5½	~~6~~ 5½	
	Joe	2	9	2	12	2	24	24	12	12	
	Fil	=	10	=	10	2	20	20	10	10	

(37)

	Names of Heads of Familys	Men	Women	Children	Rations Intitled to	Days	Rations Total	Bacon	Corn	Meal	Flower
17	Brought over	214	248	143	533½	2	1067	1067	533½	533½	
	George	5	5	1	10½	2	21	21	11½	10½	
	Sparrow	2	4	3	7½		15	15	7½	7½	"
	The Blower	3	4	2	8	2	16	16	8	8	
	Borrowin	2	2	0	4	2	8	8	4	4	
	Thompson	8	3	8	10	2	20	20	10	10	
	Agnes con	2	5	2	8	2	16	16	8	8	
	E Cha Chee	3	2	2	6	2	12	12	6	6	
	Ah sah Towee	11	2	2	15	2	30	30	15	15	
	George " "	2	1	-	3	2	6	6	3	3	
	Alleleman	3	5	-	8	2	16	16	8	8	
	Charles	4	1	1	5½	2	11	11	5½	5½	
	Day light	2	4	2	7	2	14	14	7	7	
	Ah nah ques kee	3	2	2	6	2	12	12	6	6	
	Big Rock	2	2	1	4½	2	9	9	4½	4½	
	Baskets	5	4	2	10	2	20	20	10	10	
	Johnson	5	2	3	8½	2	17	17	8½	8½	
	Ti es Kee	5	3	2	9	2	18	18	9	9	
	Whooping	2	2	-	4	2	8	8	4	4	
	Isaac	2	7	3	11½	2	21	21	10½	10½	
	Head down	5	3	-	8	2	16	16	8	8	
	Robbin	4	3	-	7	2	14	14	7	7	
	Walls	3	2	4	7	2	14	14	7	7	
	Cu ta na	4	2	1	6½	2	13	13	6½	6½	
	Cold weather	4	3	-	7	2	14	14	7	7	
	All day	1	1	2	3	2	6	6	3	3	
	Wah was Kee	2	1	5	5½	2	11	11	5½	5½	
	Chi a lu Kee	1	4	3	6½	2	13	13	6½	6½	
	Too Now ee	7	2	1	4½	2	9	9	4½	4½	
	E Edwards	5	3	1	8½	2	17	17	8½	8½	

38

Brought over
June 17th 1838

	Names of Heads of Family	No of Men	Women	Children	Rations Entitled to	Days	Rations Total	Bacon	Corn	Meal	Flour
47	Brot forward	311	333	196	742		1484	1484	742	742	
	Davis	5	4	1	9½	2	19	19	9½	9½	
	U sah nah	3	2	1	~~6½~~ 5½	~~2~~	~~12~~ 11	~~12~~ 11	~~6~~ 5½	~~6~~ 5½	
	Te now ee	3	3	3	7½	2	15	15	7½	7½	
	Too Kuh	3	2	=	5	2	10	10	5	5	
	Beaver Toater	1	4	2	6	2	12	12	6	6	
	Su an a te	6	3	1	9½	2	19	19	9½	9½	
	Dog head Bread	6	11	6	20	2	40	40	20	20	
	Cat a lis Kee	4	2	1	6½	2	13	13	6½	6½	
	Shu & Tee ee	6	4	2	11	2	22	22	11	11	
	Peach Eater	11	10	1	21½	2	43	43	21½	21½	
	Arch Wilch	3	5	2	9	2	18	18	9	9	
	Fowing to wride	2	3	2	6	2	12	12	6	6	
	William	5	6	=	11	2	22	22	11	11	
	Yoo nee	2	2	2	5	2	10	10	5	5	
	Chon a os Ka	2	4	2	7	2	14	14	7	7	
	Sis a tee hee	6	5	1	11½	2	23	23	11½	11½	
	Fire Killer	2	2	5	6½	2	13	13	6½	6½	
	Sam Downing	6	6	=	12	2	24	24	12	12	
	John Proctor	5	8	2	14	2	28	28	14	14	
	Mosso	5	7	3	13½	2	27	27	13½	13½	
	Ak su nee	2	3	3	6½	2	13	13	6½	6½	
	Musch Walir	4	5	3	10½	2	21	21	10½	10½	
	Tom	1	1	4	4	2	8	8	4	4	
	Chu ine	2	1	1	3½	2	7	7	3½	3½	
	Frog	2	1	5	5½	2	11	11	5½	5½	
	Fal Kitcher	2	4	=	6	2	12	12	6	6	
	Leaw a Kud Ke	3	4	1	7½	2	15	15	7½	7½	
	Musk rat	3	3	4	10	2	20	20	10	10	
	Standing Buffalo	1	2	3	4½	2	9	9	4½	4½	

(39)

June	Names of Heads of Family	No of Men	Women	Children	Rations Entitled to	Days	Rations Total	Bacon	Corn	Meal
17	Brot. forward	419	450	257	997½		1995	1995	997	997½
	David Downing	1	3	1	4½	2	9	9	4½	4½
	Flies	4	2	=	6	2	12	12	6	6
	Charles	1	1	2	3	2	6	6	3	3
	Squah tah tee	1	4	2	6	2	12	12	6	6
	Johnson	4	3	=	7	2	14	14	7	7
	Lying Rock	3	1	=	4	2	8	8	4	4
	Hungry	1	1	1	2½	2	5	5	2½	2½
	Black Bird	2	4	6	9	2	18	18	9	9
	Kah wainaster	5	4	=	9	2	18	18	9	9
	Ki ke nah	3	4	5	9½	2	19	19	9½	9½
	Too ni	3	3	4	8	2	16	16	8	8
	O tee i high	4	4	2	9	2	18	18	9	9
	Dry for water	4	4	2	9	2	18	18	9	9
	Barrow	2	8	2	11	2	22	22	11	11
	Te us Kee	3	2	4	7	2	14	14	7	7
	Squirrel	5	3	=	8	2	16	16	8	8
	Oo te hi	3	3	1	8½	2	17	17	8½	8½
	Am a kee	6	6	3	13½	2	27	27	13½	13½
	Blind susk	4	3	2	8	2	16	16	8	8
	George	3	7	5	12½	2	25	25	12½	12½
	Sau Ki ni	3	3	3	7½	2	15	15	7½	7½
	Guts	2	2	1	4½	2	9	9	4½	4½
	E Cowee	4	2	3	7½	2	15	15	7½	7½
	Dick	2	3	4	7	2	14	14	7	7
	Crane	3	4	4	9	2	18	18	9	9
	Tomy Turkey	2	3	2	6	2	12	12	6	6
	Chasley	1	2	2	4	2	8	8	4	4
	Rabitt	1	1	0	2	2	4	4	2	2
	All day	2	1	1	3½	2	7	7	3½	3½
		[illegible]	[illegible]	[illegible]	[illegible]		2407	2407	1203½	1203½

(40)

	Names of Heads of Familys	No of Men	Women	Children	Rations [illegible]	days	Rations Total	Bacon	Corn	Meal	Flour
17	Brought Over	501	563	319	1203½		2407	2407	[illegible]	[illegible]	[illegible]
	Chu nol Ka	1	4	=	5	2	10	10	5	5	
	Collards	3	2	1	5½	2	11	11	5½	5½	
	Washington Brown	2	3	4	9	2	18	18	9	9	
	House bug	1	=	=	1	2	2	2	1	1	
	Nancy	3	4	3	8½	2	17	17	8½	8½	
	Ailey	1	4	=	5	2	10	10	5	5	
	Somebody ~~[illegible]~~	2	1	1	3½	2	7	7	3½	3½	
	Ti Sais Ki	3	4	=	7	2	14	14	7	7	
	Fox Skin	1	3	1	4½	2	9	9	4½	4½	
	Obd Buck	2	2	1	4½	2	9	9	[illegible]	[illegible]	
	OO li	2	1	2	4	2	8	8	4	4	
	Kil a stota	4	6	2	11	2	22	22	11	11	
	Fish	3	3	=	6	2	12	12	6	6	
	Nirl	1	1	2	3	2	6	6	3	3	
	Arch	2	2	3	5½	2	11	11	5½	5½	
	Ratling Gourd	2	3	1	5½	2	11	11	5½	5½	
	Caty	-	4	1	4½	2	9	9	4½	4½	
	Tucker	5	8	8	17	2	34	34	17	17	
	Susanah	-	1	=	1	2	2	2	2	2	
	Diana	3	1	=	4	2	8	8	4	4	
	OO Su Tia	2	1	=	3	2	6	6	3	3	
	Su an	4	2	5	8½	2	17	17	8½	8½	
	John	4	4	1	8½	2	17	17	8½	8½	
	Dick Brown	4	7	=	11	2	22	22	11	11	
Cn	~~Chin a by~~	[illegible]	[illegible]	6	[illegible]	[illegible]	[illegible]	[illegible]	[illegible]	[illegible]	
	Lasty	3	6	3	10½	2	21	21	10½	10½	
	Cow	3	7	4	12	2	24	24	12	12	
	Smoke	5	4	2	10	2	20	20	10	10	
Cn	~~Bill [illegible]~~	[illegible]	[illegible]	2	[illegible]		10	10	8	8	
Do	~~Dog [illegible]~~	[illegible]	[illegible]	=	[illegible]	2	[illegible]	[illegible]	[illegible]	[illegible]	

42

	Names of Heads of Familys	No. of Men	Women	Children	Rations Entitled	days	Ration Totals	Bacon	Corn	Meal	Flour
17	Brot over	384	651	376	1423		2846	2846	1423	1423	
Cr	~~[illegible]~~	4	=	=	4	2	8	8	4	4	
Do	~~Kinatiteh~~	3	3	7	9½	2	19	19	9½	9½	
	Green wood	3	3	1	6½	2	13	13	6½	6½	
Cr	~~Adah Kah~~	1	3	1	4½	2	9	9	4½	4½	
	Che ah nu na	=	1	2	2	2	4	4	2	2	
	Chow an yon	1	2	=	3	2	6	6	3	3	
	Cag	1	=	=	1	2	2	2	1	1	
Cr	~~[illegible]~~	1	=	=	1	2	2	2	1	1	
	Corn	8	4	=	12	2	24	24	12	12	
Cr	~~[illegible]~~	7	7	5	16½	2	33	33	16½	16½	
Cr	~~Draggon~~	2	2	3	5½	2	11	11	5½	5½	
Do	~~Fading~~	3	3	=	8	2	16	16	8	8	
	Charles	1	1	1	2½	2	5	5	2½	2½	
Cr	~~Martin~~	2	1	4	5	2	10	10	5	5	
Do	~~Dick~~	3	3	6	9	2	18	18	9	9	
Do	~~John~~	1	2	2	4	2	8	8	4	4	
Do	~~Shoulder~~	3	2	=	5	2	10	10	5	5	
Do	~~W Downing~~	3	2	=	5	2	10	10	5	5	
Do	~~Bear~~	3	3	1	6½	2	13	13	6½	6½	
Do	~~William~~	2	2	2	5	2	10	10	5	5	
Do	~~Charley 2nd~~	2	3	=	5	2	10	10	5	5	
Do	~~William~~	2	2	1	4½	2	9	9	4½	4½	
	John Pilone	3	3	3	7½	2	15	15	7½	7½	
	My you cuts	2	2	=	4	2	8	8	4	4	
	Bald Head	1	=	=	1	2	2	2	1	1	
	Cain	1	1	1	2½	2	5	5	2½	2½	
	Corn Tussel	2	1	1	3½	2	7	7	3½	3½	
	Draggon	1	=	-	1	2	2	2	1	1	
Cr	~~Hilliba~~	3	3	3	7½	2	15	15	7½	7½	
Do	~~Jumping off~~	1	4	2	6	2	12	12	6	6	

(43)

June 17th

	Names of Heads of Familys	No of Men	Women	Children	Rations Intitled to	days	Rations Total	Bacon	Corn	Meal
17	Brot forwd	608	649	385	1469½		2939	2939	1469½	1469½
	Robert Perry	1	=	=	1	2	2	2	1	1
	Middle day	4	4	=	8	2	16	16	8	8
	For m	3	3	4	8	2	16	16	8	8
	Chesnut	2	1	=	3	2	6	6	3	3
	Secret	2	2	=	4	2	8	8	4	4
	Whiskie	3	5	3	9½	2	19	19	9½	9½
	branfish	2	5	3	8½	2	17	17	8½	8½
	Scrape Shell	5	3	1	8½	2	17	17	8½	8½
	Oo aw ho e	5	3	=	8	2	16	16	8	8
	Black fox	2	5	=	7	2	14	14	7	7
	Nos see yale	7	4	2	12	2	2[illegible]	[illegible]	12	12
	John	3	[illegible]	[illegible]	[illegible]	[illegible]	[illegible]	[illegible]	6	6
	Adams	[illegible]	[illegible]	[illegible]	[illegible]	[illegible]	[illegible]	[illegible]	5	5
	Betsy	[illegible]	1	[illegible]	[illegible]	[illegible]	[illegible]	[illegible]	[illegible]	[illegible]
	Joshua McLemore	[illegible]	[illegible]	4	[illegible]	[illegible]	[illegible]	[illegible]	[illegible]	[illegible]
	McIntosh	1	2	1	[illegible]	[illegible]	[illegible]	[illegible]	[illegible]	[illegible]
	Oo te te ah	4	3	=	7	[illegible]	[illegible]	[illegible]	[illegible]	[illegible]
	Smoke	2	2	1	4½	2	9	9	[illegible]	4½
		657	717	402	1577		3154	3154	1577	1577
June 17	Return No 15									
18	Chenowee	4	2	2	7	1	7	7	=	7½
	Lucy	=	2	2	3	1	3	3	=	3
	Aka Foster	2	2	4	6	1	6	6	=	6
		6	6	8	16		16	16	[illegible]	16
June 18	Return 16									

****

1838
June 4th A detatchment under command of Maj. Dulaney brought & left at Commissary house ~~[illegible]~~ 319 lbs Bacon & 4 Bbls 78 lbs Flour
4. Do Returned the above to J F Poinsett
4. Genl Smith 33 sacks meal
4. Wm W. Sillard employed as a day labourer by order of Genl N. Smith @ $1.00 per day to assist in the subsistence department.
26. Recd of Dr Jno S. Young 8 Bbls salt ... lbs or equal to ... bu
26 Recd of W. Webb by Jas H Jones 17.304 lbs bacon
26 Do Do [illegible] flour — 12.426

11 Bk. 4 [illegible] — 11 yd Do [illegible] 9 yd Calico
15 [illegible]

18 × 4 = 72
18
54

18½ × 3 = 55½

Issued Ten cloathes June 15th 1838

Going to write	One	By order
Head Eater	One	of physician
Diana —	One	for cloths
Bruner —	One	

Recd of J.C.S. Hood one hundred and twelve pounds Black Soap fat [illegible] in Barrel and 35 lb of Bar soap in Box

17th Betsy Edwards To One Tent Cloath June 17
Amy Edwards To Do Cloath
Tabby Edwards To Do Cloath
[illegible] To Do Cloath
Polly To Do Do Do Cloath
All Jackett To Do Cloath
[illegible] To One Tent Cloath June 19th
[illegible] Guess One Tent June 22d
[illegible] To One Tent Do 28th
[illegible] To One Tent June 28th

Rations issued to Cherokees.

Book No. 2. — 19 June —

1838. June. —

2)

1838 June 19	Names of heads of families	No. of Males	" " Women	" " Children	" Rations entitled to	" Days	" Rations Issued	Bacon	Corn	Meal
	Cag	1	=	=	1	2	2	2	1	1
	Basket	5	4	2	10	2	20	20	10	10
	Watta	1	3	=	4	2	8	8	4	4
	Tu co	5	8	8	17	2	34	34	17	17
	Te us Ke	5	3	2	9	2	18	18	9	9
	Old Buck	2	2	1	4½	2	9	9	4½	4½
	H Brown	2	=	=	2	2	4	4	2	2
	Tah lis Ke	4	3	2	8	2	16	16	8	8
	Rattling Gourd	2	3	1	5½	2	11	11	5½	5½
	Chow woo Ke	2	4	2	7	2	14	14	7	7
	John allcorn	5	4	1	9½	2	19	19	9½	9½
	Too ni	3	3	4	8	2	16	16	8	8
	Mcintosh	1	4	1	5½	2	11	11	5½	5½
	Lucy	4	1	2	6	2	12	12	6	6
	Nelson	3	6	=	9	2	18	18	9	9
	G Grasshopper	4	3	1	7½	2	15	15	7½	7½
	Msa nah	3	2	1	5½	2	11	11	5½	5½
	Chuah nu na	=	1	2	2	2	4	4	2	2
	Lying Rock	3	1	=	4	2	8	8	4	4
	Ke nate he	3	3	7	9½	2	19	19	9½	9½
	D Buffington	3	3	6	9	2	18	18	9	9
	Hat lu nah	3	4	5	9½	2	19	19	9½	9½
	Lucy	=	2	2	3	2	6	6	3	3
	Wolf	2	2	1	4½	2	9	9	4½	4½
	Charley	2	1	1	3½	2	7	7	3½	3½
	Big Tom	2	3	=	5	2	18	10	5	5
	Standing Buff-	1	2	3	4½	2	9	9	4½	4½
	Cold water	4	3	=	7	2	14	14	7	7
	Carried forward	75	78	55	180½		361	361	180½	180½

(3)

1838 Jun	Names of heads of families	No. of males	" " Women	" " Children	" " Rations entitled to	" " Days	" " Rations Total	Bacon	Corn	Meal
19	Brot forwd	75	78	55	180½		361	361	180½	180½
	Ool Scu nah	2	=	=	2	2	4	4	2	2
	Spring Frog	1	3	2	5	2	10	10	5	5
	Ti ut Ke	3	2	4	7	2	14	14	7	7
	Thomas	1	=	=	1	2	2	2	1	1
	Draggon.	1	=	=	1	2	2	2	1	1
	Oo li Tsa	2	1	=	3	2	6	6	3	3
	Isam McElm	2	2	=	4	2	8	8	4	4
	Kah lah mas Ke	=	10	=	10	2	20	20	10	10
	Chin a ly	2	2	5	6½	2	13	13	6½	6½
	Side ways	3	3	3	7½	2	15	15	7½	7½
	Paint	2	1	1	3½	2	7	7	3½	3½
	Shu S Tu u	6	4	2	11	2	22	22	11	11
	Middle day	4	4	=	8	2	16	16	8	8
	Betsy	=	1	=	1	2	2	2	1	1
	Swan	4	2	1	6½	2	13	13	6½	6½
	U la na ta	4	4	1	8½	2	17	17	8½	8½
	Hill e bee	3	3	3	7½	2	15	15	7½	7½
	Tu is tus Ke	2	3	2	6	2	12	12	6	6
	Jumping off	1	4	2	6	2	12	12	6	6
	Drowning bear	1	3	1	4½	2	9	9	4½	4½
	W Downing	3	2	=	5	2	10	10	5	5
	Dinna	3	1	=	4	2	8	8	4	4
	Fox Skin	1	3	1	4½	2	9	9	4½	4½
	Secrit	2	2	=	4	2	8	8	4	4
	Cow	1	1	1	2½	2	5	5	2½	2½
	Chesnut	2	1	=	3	2	6	6	3	3
	Ailiaun Ki	2	2	1	4½	2	9	9	4½	4½
	Tal Catcher	2	4	=	6	2	12	12	6	6
	Carried over	135	146	105	333½		667	667	333½	333½

1838 Jun		No. of Men	Women	Children	Rations entitled to	Days	Rations Total	Rat. Bacon	Corn	Corn meal	Flour
19	Brot forward	220	248	161	548½		1197	1197	548½	548½	
	Robbin	4	3	=	7	2	14	14	7	7	
	Bottle	1	1	3	3½	2	7	7	3½	3½	
	E tow u	5	5	=	10	2	20	20	10	10	
	Mixed water	4	5	3	10½	2	21	21	10½	10½	
	Push them off	2	3	1	5½	2	11	11	5½	5½	
	Deer Bitter	2	3	7	8½	2	17	17	8½	8½	
	Anna	1	2	=	3	2	6	6	3	3	
	George	2	1	1	3½	2	7	7	3½	3½	
	John	3	2	1	5½	2	11	11	5½	5½	
	Sparrow Hawk	2	4	3	7½	2	15	15	7½	7½	
	Wa ma ka	2	1	2	4	2	8	8	4	4	
	Charles	3	2	=	5	2	10	10	5	5	
	Blind Susan	4	3	2	8	2	16	16	8	8	
	Grim Wood	3	3	1	6½	2	13	13	6½	6½	
	Che now u	4	2	2	7	2	14	14	7	7	
	Zoo ni	2	2	2	5	2	10	10	5	5	
	Arch	2	2	3	5½	2	11	11	5½	5½	
	Critenden	3	5	-	8	2	16	16	8	8	
	Bald head	1	..	..	1	2	2	2	1	1	
	Dear coming	3	3	4	8	2	16	16	8	8	
	Oo tie ha	3	5	1	8½	2	17	17	8½	8½	
	Susy	2	3	—	5	2	10	10	5	[illegible]	
	Zoo nuk	=	1	=	1	2	2	2	1	1	
	Charlis	1	1	1	2½	2	5	5	2½	2½	
	Yo Kuh	1	≠	≠	1	2	2	2	1	1	
	Terrape Shell	5	3	1	8½	2	17	17	8½	8½	
	Adams	4	1	0	5	2	10	10	5	5	
	Smoke	2	2	1	4½	2	9	9	—	—	9
	Crow	8	4	=	12	2	24	24	12	12	
	Carried over	280	320	200	719		1438	1438	71[illegible]	71[illegible]	9

****

(6)

1838 June		No. Fullers	No. Women	No. Children	No. Rations entitled to	No. Days	No. Rations Total	Bacon	Corn	Meal	Flour
19th	Brot over	299	320	200	719		1438	1438	714½	714½	9
	Crowfish	2	5	3	8½	2	17	17	8½	8½	
	My hers Kee	3	5	3	9½	2	19	19	9½	9½	
	Oo lah ohe	5	3	=	8	2	16	16	8	8	
	Tu ne lus Kee	7	7	5	16½	2	33	33	16½	16½	
	Robbin	1	=	=	1	2	2	2	1	1	
	Nas su quah	7	4	1	11½	2	23	23	11½	11½	
	Black Fox	2	5	-	7	2	14	14	7	7	
	Sour john	1	=	=	1	1	1	1	½	½	
	~~Blue~~										
	Return No 17	327	349	212	782		1564	1564	777½	777½	9
June 20	Blue	1	2	=	3	3	9	9	=	9	
	Srapir	7	5	1	12½	3	37½	37½	=	37½	
	Barnfence	3	1	2	5	3	15	15	=	15	
	Six Killer	1	3	1	4½	3	13½	13½	=	13½	
	White Tobaco	4	5	3	8½	3	25½	25½		25½	
	Shade	3	2	1	5½	3	16½	16½		16½	
	William	6	2	=	8	3	24	24		24	
	Jack Mills	3	4		7	3	21	21		21	
	Shefur	1	1	2	3	3	9	9		9	
	Phesant	2	4	1	6½	3	19½	19½		19½	
	Brand	5	4	2	10	3	30	30		30	
	Robert Fox	3	3	=	6	3	18	18		18	
	Coop	4	3	=	7	3	21	21		21	
	A Ruts ah	1	2	2	4	3	12	12		12	
	Trap Maker	6	2	1	8½	3	25½	25½		25½	
	John	1	2	1	3½	3	10½	10½		10½	
	Corn Tasel	4	2	2	7	3	21	21		21	
	[illegible]	55	45	19	109½		328½	328½		328½	

(7

1838	Names of heads of families	No. of Men	" Women	" Children	" Rations entitled to	" Days	Rations Total	Bacon	Corn	Meal
June 20	Brot forward	55	45	19	109½		328½	328½		328½
	Head Thrower	2	2	1	4½	3	13½ ~~9~~	13½ ~~9~~		13½ ~~9~~
	Hominy	2	3	1	5½	3	16½	16½		16½
	Pheasant	2	1	=	3	3	9	9		9
	Charles Downing	1	2	2	5	3	15	15		15
	Walking Wolf	2	2	-	4	3	12	12		12
	Eli Smith	2	1	2	5	3	15	15		15
	Mushroom	4	2	2	7	3	21	21		21
	Hungry	3	3	3	7½	3	22½	22½		22½
	Man Killer	3	2	=	5	3	15	15		15
	Indian Pullet	1	1	1	2½	3	7½	7½		7½
	John sin Killer	2	1	2	4	3	12	12		12
	Little Archy	3	3	2	7	3	21	21		21
	Black Jack	1	4	1	5½	3	16½	16½		16½
	Leach	1	1	=	2	3	6	6		6
	Lucy	=	1	=	1	3	3	3		3
	Chicken	3	2	1	5½	3	16½	16½		16½
	Rabbit	2	2	3	5½	3	16½	16½		16½
	Lucy	3	1	=	4	3	12	12		12
	Gottee	=	4	1	4½	3	13½	13½		13½
	Tah Ke ha Ke	6	1	2	8	3	24	24		24
	John	3	3	1	6½	3	19½ ~~[illegible]~~	19½ ~~[illegible]~~		19½ ~~[illegible]~~
	Wash Burns	4	5	4	11	3	33	33		33
	Scenti	2	2	=	4	3	12	12		12
	Aka Foster	2	4	3	7½	3	22½	22½		22½
	John Smith	1	2	2	4	3	12	12		12
	Stand	3	5	2	9	3	27	27		27
	Butler	3	2	1	5½	3	16½	16½		16½
	Mouse	3	4	2	8	3	24	24		24
	Swimmer	5	5	2	11	3	33	33		33
	Brought over	124	118	60	272		816	816		816

8

Date	Names of heads of families	No. of Men	" " Women	" " Children	" " Rations entitled to	" " Days	" " Rations Total	Bacon	Corn	Meal
20	Brot over	124	118	60	272		816	816		816
	Nancy	±	1	2	3	3	9	9		9
	W Arnold	10	5	=	15	3	45	45		45
	Oo na tah	3	3	3	7½	3	22½	22½		22½
	Morris Brown	1	1	3	3½	3	10½	10½		10½
	John	2	1	2	4	3	12	12		12
		140	130	70	305		915	915		915

Return No. 18

Date	Names of heads of families	Men	Women	Children	Rations entitled to	Days	Rations Total	Bacon	Corn	Meal
21	Chuwee	1	2	1	3½	2	7	7	3½	3½
"	Soon	4	2	1	6½	"	13	13½	6½	6½
"	Cow	4	6	–	10	"	20	20	10	10
"	Crawfish	2	5	3	8½	.	17	17	8½	8½
"	John	4	4	1	8½	"	17	17	8½	8½
"	Tracker & Oodoke	3	5	6	11	.	22	22	11	11
"	John	2	2	2	5	.	10	10	5	5
"	Sanate	6	3	1	9½	"	19	19	9½	9½
"	Swimmer	5	2	3	8½	"	17	17	8½	8½
"	Sam	2	2	2	5	"	10	10	5	5
"	Down to creek	2	3	3	6½	.	13	13	6½	6½
"	~~John~~	~~1~~	~~2~~	~~1~~	~~3½~~	"	~~7~~	~~7~~	~~3½~~	~~3½~~
"	Joe	2	9	2	12	.	24	24	12	12
"	Buffington	4	4	4	10	,	20	20	10	10
"	Wah kah	1	3	1	4½	"	9	9	4½	4½
	Ros keu ga tee	2	2	3	5½	"	11	11	5½	5½
	~~Ned~~	~~1~~	~~1~~	~~2~~	~~3~~	"	~~6~~	~~6~~	~~3~~	~~3~~
	Butterfly	2	1	1	3½	"	7	7	3½	3½
	Chu a luke	1	4	3	6½	"	13	13	6½	6½
	Carried forward	47	59	37	124½		249	249	124½	124½

(9

Roll continued —

	Names of heads of families	Males	Women	Children	Rations entitled to	Days	Rations of total	lbs Bacon	Corn	Corn meal
21	Brot forward	47	59	37	124½		249	249	124½	124½
	Bottle	1	1	3	3½	2	7	7	3½	3½
	John	3	2	1	5½	"	11	11	5½	5½
"	Keelastota	4	6	2	11	"	22	22	11	11
	Corn silk	4	2	2	7	"	14	14	7	7
"	George	2	1	1	3½	"	7	7	3½	3½
"	Flat Head eater	5	3	4	10	"	20	20	10	10
"	Old Buck	2	2	1	4½	"	9	9	4½	4½
"	McIntosh	1	4	1	5½	"	11	11	5½	5½
"	Bottle	1	1	3	3½	"	7	7	3½	3½
"	Soap	3	6	3	10½	"	21	21	10½	10½
"	Blind Savanna	4	3	2	8	"	16	16	8	8
"	All day	1	1	2	3	"	6	6	3	3
"	Fox skin	1	3	1	4½	"	9	9	4½	4½
"	Allcorn	5	4	1	9½	"	19	19	9½	9½
"	Os tee kee	3	5	1	8½	"	17	17	8½	8½
"	Betsy	–	1	–	1	"	2	2	1	1
"	Toon ch	–	1	–	1	"	2	2	1	1
"	Yoo tah he tah	4	–	–	4	"	8	8	4	4
"	Charley	2	1	1	3½	"	7	7	3½	3½
"	Lying Rock	3	1	–	4	"	8	8	4	4
"	Richd Webb	1	1	–	2	"	4	4	2	2
"	Dragger	3	4	1	7½	"	15	15	7½	7½
"	Grasshopper	4	3	1	7½	"	15	15	7½	7½
"	J. Pelone	3	3	3	7½	"	15	15	7½	7½
"	Tear coo	5	8	8	17	"	34	34	17	17
"	Coon	5	6	2	12	"	24	24	12	12
"	Arch	2	2	3	5½	"	11	11	5½	5½
"	Adam	4	1	–	5	"	10	10	5	5
	Carried over	123	135	84	300		600	600	300	300

(70)

Roll continued

Date 1838 June	Names of heads of families	No. of Men	" " Women	" " Children	" " Rations entitled to	" " Days	" " Rations Total	Bacon	Corn	Corn Meal
21	Brot over	123	135	84	300	2	600	600	300	300
"	Tah tis kee	4	3	2	8	"	16	16	8	8
"	Ke ke nah	3	4	5	9½	"	19	19	9½	9½
"	Elowee	5	5	-	10	"	20	20	10	10
"	Tom Killengin	3	1	2	5	"	10	10	5	5
"	Sau kin ne	-	3	2	4	"	8	8	4	4
"	Anny	1	2	-	3	"	6	6	3	3
"	Deer Biter	2	3	7	8½	"	17	17	8½	8½
"	Che ah nu na	-	1	2	2	"	4	4	2	2
"	Fish	3	3	-	6	"	12	12	6	6
"	She & Lee	6	4	2	11	"	22	22	11	11
"	Chu le hoy	3	4	3	8½	"	17	17	8½	8½
"	Chow a yu cah	2	4	2	7	"	14	14	7	7
"	Sparrow Hawk	2	4	3	7½	"	15	15	7½	7½
"	Smoke	3	2	-	5	"	10	10	5	5
"	George	3	1	-	4	"	8	8	4	4
"	Tommy	4	3	1	7½	"	15	15	7½	7½
"	Betty Sundy	2	6	2	9	"	18	18	9	9
"	Scrape Shell	5	3	1	8½	"	17	17	8½	8½
"	William	2	2	2	5	"	10	10	5	5
"	Oo le oh'ee	5	3	-	8	"	16	16	8	8
"	Oshaw McLemore	1	1	2	3	"	6	6	3	3
"	Nancy	1	2	-	3	"	6	6	3	3
"	Fanny	1	5	2	7	"	14	14	7	7
"	Nelson	3	6	-	9	"	18	18	9	9
"	Wah tah too kee	6	4	-	10	"	20	20	10	10
"	George	1	.	.	1	"	2	2	1	1
"	Tom fire	3	4	1	7½	"	15	15	7½	7½
"	Charles	1	1	1	2½	"	5	5	2½	2½
	[illegible]	128	210	126	480		960	960	480	480

(11)

Roll continued

1838 June	Names of heads of families	Males	Women	Children	Rations entitled to	Days	Rations total	[illegible] Bacon	Corn	Corn Meal
21	Brot forward	198	219	126	480	2	960	960	480	480
"	Ely you cah	2	2	–	4	"	8	8	4	4
"	Che now ee	4	2	2	7	"	14	14	7	7
"	Robin	4	3	–	7		14	14	7	7
"	Teeeskee	5	3	2	9	"	18	18	9	9
"	Teeeskee	3	2	4	7	"	14	14	7	7
"	Going to write	3	4	2	8	"	16	16	8	8
"	Too ni	3	3	4	8	"	16	16	8	8
"	Mixt water	4	5	3	10½	"	21	21	10½	10½
"	Oo la na stee skee	1	1	2	3	"	6	6	3	3
"	Middle day	4	4	–	8	"	16	16	8	8
"	Talon tees kee	3	2	1	5½	"	11	11	5½	5½
"	Wah ne kah	2	1	2	4	"	8	8	4	4
"	Standing Buffaloe	1	2	3	4½	"	9	9	4½	4½
"	Jumping off	1	4	2	6	"	12	12	6	6
"	Tee is tees ke	2	3	2	6	"	12	12	6	6
"	Chesnut	2	1	–	3	"	6	6	3	3
"	Up Dawning	3	2		5	"	10	10	5	5
"	George	3	7	5	12½	"	25	25	12½	12½
"	Caty	–	4	1	4½	"	9	9	4½	4½
"	Basket & Deer Water	5	4	2	10	"	20	20	10	10
"	Tooni	2	2	2	5	"	10	10	5	5
"	Tee no tas ke	7	7	5	16½	"	33	33	16½	16½
"	By gone	2	3	–	5	"	10	10	5	5
"	Cold water	4	3	–	7	"	14	14	7	7
"	Gal Catcher	2	4	–	6	"	12	12	6	6
"	Wolf	2	2	1	4½	"	9	9	4½	4½
"	Chowe you kah	1	2	–	3	"	6	6	3	3
"	Crittenden	3	5	–	8	"	16	16	8	8
	Carried forward	276	306	171	667½		1335	1335	667½	667½

(12)

Roll continued —

1838 June	Names of heads of families	No. of Men	" Women	" Children	" " Rations entitled to	" Days	" " Rations total	Ration Bacon	" Corn	" Corn Meal	" Flour
21	Brot over	376	306	171	667½	2	1335	1335	667½	667½	
"	Day light	2	4	2	7	2	14	14	7	7	
"	Bald head	1	-		1	"	2	2	1	1	
"	Paint	2	1	1	3½	"	7	7	3½	3½	
"	Can	1	1	1	2½	"	5	5	2½	2½	
"	Watt	1	3	-	4	"	8	8	4	4	
"	Spring frog	1	3	2	5	"	10	10	5	5	
"	Push them off	2	3	1	5½	"	11	11	5½	5½	
"	Crow	8	4	-	12	"	24	24	12	12	
"	Nancy	2	2	3	5½	"	11	11	5½	5½	
"	Sideways	3	5	3	9½	"	19	19	9½	9½	
	Rattling Gourd	2	3	1	5½		11	11	5½	5½	
	Kah tah nas ku	=	10	=	10	2	20	20	10	10	
	Cay	1	=	=	1	2	2	2	1	1	
	Robbin	1	=	=	1	2	2	2	1	1	
	Wy yo cah	2	2	=	4	2	8	8	4	4	
	Cut sca	1	=	=	1	2	2	2	=	=	2
	Cur ah su ah	2	3	2	6	2	12	12	6	6	
		308	350	187	751½		1503	1503	750½	750½	2

Return No. 19

June											
22d "	Emigrant	1	1	2	3	1	3	3	~~1½~~	1½	
	McCamron	1	1	1	2½	1	2½	2½	=	2½	
	Trying Bear	3	2	1	5½	1	5½	5½	=	5½	
	Stealer	3	5	4	10	1	10	10	=	10	
	No fire	4	2	1	6½	1	6½	6½		6½	
	Pigeon	1	4	3	6½	1	6½	6½		6½	
	John	1	1	3	3½	1	3½	3½		3½	
	[illegible]	14	16	15	37½		37½	37½		37½	

****

(13

1838 June	Names of heads of families	Men	Women	Children	Rations Entitled to	Days	Rations Total	Rations Bacon	Corn	Meal
June 22d	Brot forward	14	16	15	37½		37½	37½		37½
	George	1	=	=	1	1	1	1.		1
	Tah nah ust	1	=	=	1	1	1	1		1
	John Rogers	5	2	1	7½	1	7½	7½		7½
	~~Hog~~	~~2~~	~~3~~	—	~~5~~	~~1~~	~~5~~	~~5~~		~~5~~
	Ooh nes scoo coo	2	5	1	7½	1	7½	7½		7½
	Finished	2	3	=	5	1	5	5		5
	Possum	2	2	1	4½	1	4½	4½		4½
	Drowning Bear	1	3	1	4½	1	4½	4½		4½
	Ku Nah	5	7		12	1	12	12		12
	Te sih	5	4	2	10	1	10	10		10
	Red Beards	2	5	2	8	1	8	8		8
	Deer	2	1	3	4½	1	4½	4½		4½
	Fire Killer	5	5	3	11½	1	11½	11½		11½
	Frog	5	7	2	13	1	13	13		13
	Su ja Ku	6	7	7	16½	1	16½	16½		16½
	Nelly	1	5	1	6½	1	6½	6½		6½
	Yah Kah que	1	2	1	3½	1	3½	3½		3½
	Wiper	5	1	=	6	1	6	6		6
	Thief	1	1	=	2	1	2	2		2
	Turner	1	2	=	3	1	3	3		3
	Holy	2	1	=	3	1	3	3		3
	Jack Fish	1	3	1	4½	1	4½	4½		4½
	Day Breake	2	2	3	5½	1	5½	5½		5½
	Nat	3	3	=	6	1	6	6		6
	Chu nu las ku	4	6	4	12	1	12	12		12
	Richard Guess	2	1	3	4½	1	4½	4½		4½
	Screech owl	3	3	=	6	1	6	6		6
	Carried over	84	97	51	206½		206½	206½		206½

****

(18)

Roll continued

1838. June 22d	Names of heads of families	Men	Women	Children	Rations Entitled to	Days	Rations total	Ration Bacon	Corn	Meal
2	Brot over	84	97	51	206½		206½	206½		206½
	Watt Lea	2	4	4	8	1	8	8		8
	Dirt Siller	3	2	4	7	1	7	7		7
	Sally	1	2	3	4½	1	4½	4½		4½
	Ooh ah Sau ta	1	2	=	3	1	3	3		3
June 23d	Return No. 20	91	107	62	229		229	229		229
23	Can a tu	6	3	1	9½	4	38	38	19	19
	Kut a sta to	4	6	9	11	4	44	44	11	11
	Chu le hag	3	4	3	8½	4	34	34	17	17
	Wah ne Kah	2	1	1	4	4	16	16	8	8
	Old Buck	2	1	1	4½	4	18	18	9	9
	Swan	4	1	1	6½	4	26	26	13	13
	Fox Skin	1	3	1	4½	4	18	18	9	9
	Lucy	1	=	=	1	4	4	4	2	2
	Butterfly	2	1	1	3½	4	14	14	7	7
	John	4	4	1	8½	4	34	34	17	17
	John Allcon	5	4	1	9½	4	38	38	19	19
	John Smith	1	2	2	4	4	16	16	8	8
	Tracker	3	5	6	11	4	44	44	22	22
	Bottle	1	1	3	3½	4	14	14	7	7
	Chu le Ku	1	4	3	6½	4	26	26	13	13
	Coon	5	6	2	12	4	48	48	24	24
	Tom Kilmagor	3	1	2	5	4	20	20	10	10
	Hungary	3	3	3	7½	4	30	30	15	15
	Nadde yah	7	4	1	11½	4	46	46	23	23
	Spring Frog	1	3	2	5	4	20	20	10	10
	Carried down	59	59	38	137		548	548	137	137

Roll Continued

1838 June	Names of heads of families	N: Fellow	" Women	" Children	" Rations entitled to	" Days	" Rations Total	Net Bacon	" Corn	" Corn Meal
23	Brot forwd	59	59	38	137		548	548	137	137
	C. Butler	4	2	1	6½	4	26	26	~~[illegible]~~	26
	Cooper	4	3	—	7	4	28	28	14	14
	Too ni	2	2	2	5	4	20	20	10	10
	Black Fox	2	5	=	7	4	28	28	14	14
	Rousting Fox	5	3	=	8	4	32	32	16	16
	Indian Pullet	1	1	1	2½	4	10	10	5	5
	Pheasant	2	4	1	6½	4	26	26	13	13
	Head Eater	5	3	4	10	4	40	40	20	20
	Swimmer	5	5	2	11	4	44	44	22	22
	McIntosh	1	4	1	5½	4	22	22	~~[illegible]~~	22
	~~Charley~~	~~2~~	~~1~~	~~1~~	~~3½~~	~~4~~	~~14~~	~~14~~	~~7~~	~~7~~
	John	3	2	1	5½	4	22	22	11	11
	Cow	4	6	=	10	4	40	40	20	20
	Pheasant	2	1	=	3	4	12	12	6	6
	Deer Biter	2	3	7	8½	4	34	34	17	17
	Ke hu hah	3	4	5	9½	4	38	38	19	19
	Soap	3	6	3	10½	4	42	42	21	21
	Chiwa	1	2	1	3½	4	14	14	7	7
	Watta	1	3		4	4	16	16	8	8
	Stealer	3	5	4	10	4	40	40	20	20
	Comtapel	4	2	2	7	4	28	28	14	14
	Frying Bear	3	2	1	5½	4	22	22	11	11
	Lifting Rock	3	1	=	4	4	16	16	8	8
	Wy yon cah	2	2	—	4	4	16	16	8	8
	Wah tis Ke	4	3	2	8	4	32	32	16	16
	Stephen	1	1	2	3	4	12	12	6	6
	Pigeon	1	4	3	6½	4	26	26	13	13
	Carried over	130	138	81	308½		1234	1234	593	641

16)

Roll continued

1838 Jun 22.	Names of heads of families	No. of Men	" " Women	" " Children	" " Rations entitled to	" " Days	" " Rations Total	Rat Bacon	" Corn	" Corn Meal
23	Brot over	130	138	81	308½		1234	1234	593	641
	Emigrant	1	1	2	3½	4	12	12	6	6
"	M Cammeron	1	1	1	2½	"	10	10	5	5
	No fire	4	9	1	6½	"	26	26	13	13
"	Dicey	2	1	3	4½	-	18	18	9	9
	Watt Lee	2	4	4	8	.	32	32	16	16
	George	2	1	1	3½	"	14	14	7	7
	Rich Guess	2	1	3	4½	"	18	18	9	9
	Trap Maker	6	2	1	8½	"	34	34	17	17
	Scratch Owl	3	3	—	6	"	24	24	12	12
	Head eater	2	2	1	4½	"	18	18	9	9
	George	1	—	—	1	"	4	4	2	2
"	Oola ah see	5	3	—	8	.	32	32	16	16
"	Scrape Shell	5	3	1	8½	"	34	34	17	17
"	Pine	—	3	2	4	-	16	16	8	8
"	Cun au see ah	7	3	2	6	.	24	24	12	12
"	Fire killer	5	5	3	11½	.	46	46	23	23
"	Smoke	3	2	-	5	"	20	20	10	10
"	Oo nus coo coo	2	5	1	7½	"	30	30	15	15
	Oo tu ke tah	3	2	2	6	.	24	24	12	12
	Nancy	1	2	—	3	"	12	12	6	6
	Bland Savannah	4	3	2	8	"	32	32	16	16
"	All day	1	1	2	3	.	12	12	6	6
"	Nancy	2	2	-	4	.	16	16	8	8
"	Snake	6	7	7	16½	"	66	66	33	33
	Elowee	5	5	-	10	-	40	40	20	20
	Basket & Deer Watch	5	4	2	10	-	40	40	20	20
	William	6	2	—	8	"	32	32	16	16
	Carried forward	211	208	122	480		1920	1920	936	984

Mill continued

1838 June	Names of heads of families	No. of Men	" Women	" Children	" Rations entitled to	" Days	" Rations Total	Rat. Bacon	" Corn	" Corn Meal
23	Brot forwd -	211	208	122	480	4	1920	1920	936	984
	~~[illegible] Pickup~~	~~1~~	~~4~~	~~1~~	~~5½~~	"	~~22~~	~~22~~	~~11~~	~~11~~
	Joe	2	8	2	12	"	48	48	24	24
	John	2	2	2	5	"	20	20	10	10
	John	2	1	2	4	"	16	16	8	8
	Teeskee	5	3	2	9	"	36	36	18	18
	Oo lon e ste kee	1	1	2	3	"	12	12	6	6
	Swimmer	5	2	3	8½	"	34	34	17	17
	George	2	1	1	3½	"	14	14	7	7
	Finished	2	3	—	5	"	20	20	10	10
	Akeetsah	1	2	2	4	"	16	16	8	8
	Chenowee	4	2	2	7	"	28	28	14	14
	~~Long Stiller~~	~~7~~	~~4~~	~~1~~	~~11½~~	"	~~46~~	~~46~~	~~23~~	~~23~~
	Oolah kah	1	3	1	4½	"	18	18	9	9
	Tee nu la	3	3	3	7½	"	30	30	15	15
	John Rogers	5	2	1	7½	"	30	30	15	15
	Wm Arnold	10	5	—	15	"	60	60	30	30
	J Pelone	3	3	3	7½	"	30	30	15	15
	Corn silk	4	2	2	7	"	28	28	14	14
	Cold water	4	3	—	7	"	28	28	14	14
	~~John~~	~~3~~	~~3~~	~~1~~	~~6½~~	"	~~26~~	~~26~~	~~13~~	~~13~~
	Arch	2	2	3	5½	"	22	22	11	11
	Utah tah la kah	6	4	—	10	"	40	40	20	20
	Crawfish	2	5	3	8½	"	34	34	17	17
	Chow e you ka	2	4	2	7	"	28	28	14	14
	S. Grasshopper	4	3	1	7½	"	30	30	15	15
	Red Bird	2	5	2	8	"	32	32	16	16
	John Snakiller	2	1	2	4	"	16	16	8	8
	Carried over	287	279	163	647½		2590	2590	1271	1319

(18)

Roll continued

1838 June	Names of heads of families	No. Males	" Females	" Children	" Rations daily	" Days	" Rations Total	Rat. Bacon	" Corn	" Corn meal
23	Brot over	287	279	163	647½	4	2590	2590	1271	1319
″	Chicken	3	2	1	5½	″	22	22	11	11
″	Creep	2	2	1	5½	″	22	22	11	11
″	Shade	3	2	1	5½	″	22	22	11	11
″	Burnt fenced	3	1	2	5	″	20	20	10	10
″	White Tobacco	4	3	3	8½	″	34	34	17	17
″	Sparrow Hawk	2	4	3	7½	″	30	30	15	15
″	Tah na cas	1			1	″	4	4	2	2
″	Shoe	6	4	2	11	″	44	44	22	22
	George	1	—	—	1	″	4	4	2	2
″	Aky Foster	2	2	4	6	″	24	24	12	12
″	Tal an tee ske	3	2	1	5½	″	22	22	11	11
	Tooni	3	3	4	8	″	32	32	16	16
″	Susy	3	1	—	4	″	16	16	8	8
	Betty	2	—	—	2	″	8	8	4	4
	Robbin	4	3	—	7	″	28	28	14	14
	Jumping off	1	4	2	6	″	24	24	12	12
	Mouse	3	4	2	8	″	32	32	16	16
	Rabbit	2	2	3	5½	″	22	22	11	11
	Going to write	3	4	2	8	″	32	32	16	16
	Sixkiller	1	3	1	4½	″	18	18	9	9
	John	1	1	3	3½	″	14	14	7	7
	Te es tes kee	2	3	2	6	″	24	24	12	12
	Drowning Bear	1	3	1	4½	″	18	18	9	9
	Sawkee ne	—	3	2	4	″	16	16	8	8
	Robbin	1	—	—	6	″	4	4	2	2
	Paint	2	1	1	3½	″	14	14	7	7
	Scraper	7	1	1	12½	″	50	50	25	25
	Middle day	4	4	—	8	″	32	32	16	16
	[illegible]	358	365	205	805½		3222	3222	1587	1635

(19

Roll Continued

Date 1838 June	Names of heads of families	No. of Men	No. of Women	No. of Children	No. Rations entitled to	No. of Days	No. Rations Total	Rat. Bacon	No. Corn	No. Corn Issued
23	Brot forward	358	345	205	805½	4	3222	3222	1587	1635
	Chesnut	2	1	—	3	"	12	12	6	6
	Tah ka ke kee	5	2	2	8	"	32	32	16	16
	Too nuh	—	1	—	1	"	4	4	2	2
	Betsy	—	1	—	1	"	4	4	2	2
	Nelson	3	6	4	11	"	44	44	22	22
	Ailey	—	2	4	4	"	16	16	8	8
	Kee nach	5	7	—	12	"	48	48	24	24
	Chee nu las kee	4	6	4	12	"	48	48	24	24
	Ratling Gourd	2	3	1	5½	"	22	22	11	11
	Charles	1	1	—	2	"	8	8	4	4
	Kah tah nos kee	—	10	—	10	"	40	40	20	20
	Possum	2	2	1	4½	"	18	18	9	9
	Charles	1	1	1	2½	"	10	10	5	5
	George	3	7	5	12½	"	50	50	25	25
	Tu no las kee	7	7	5	16½	"	66	66	33	33
	Chow ee nu kah	1	2	—	3	"	12	12	6	6
	Blue	1	2	—	3	"	12	12	6	6
	Side ways	3	5	3	9½	"	38	38	19	19
	Little Archy	3	3	2	7	"	28	28	14	14
	Dragger	3	4	1	7½	"	30	30	15	15
	Fish	3	3	—	6	"	24	24	12	12
	~~Snipes~~	~~2~~	~~4~~	~~1~~	~~6½~~	~~"~~	~~26~~	~~26~~	~~13~~	~~13~~
	By gon	2	3	—	5	"	20	20	10	10
	Wo le tsa	2	1	—	3	"	12	12	6	6
	Crittenden	3	5	—	8	"	32	32	16	16
	Cat catcher	2	4	—	6	"	24	24	12	12
	Nat	3	3	1	6½	"	26	26	13	13
	Leech	1	1	—	2	"	8	8	4	4
	Carried forward	420	438	239	977½		3910	3910	1931	1979

20)

Roll continued

1838 June	Names of heads of families	Men	Women	Children	Rations stated	Days	Rat total	Bacon	Corn	Corn Meal
23	Brot over	420	438	239	977½	4	3910	3910	1931	1979
"	Dirt Seller	3	2	4	7	"	28	28	14	14
"	Nancy	2	2	3	5½	"	22	22	11	11
"	Te sah	5	4	2	10	"	40	40	20	20
"	Cow	8	4	-	12	"	48	48	24	24
"	Turner	2	1	-	3	"	12	12	6	6
"	Thief	1	1	-	2	"	8	8	4	4
"	Tah kee qu	1	2	-	3	"	12	12	6	6
"	Nancy	-	2	-	2	"	8	8	4	4
"	Holy	2	1	-	3	"	12	12	6	6
"	Frog	5	7	2	13	"	52	52	26	26
"	Wiper	5	1	-	6	"	24	24	12	12
"	W. Downing	3	2	-	5	"	20	20	10	10
"	Sallet	-	4	1	4½	"	18	18	9	9
"	Stand	2	5	3	8½	"	34	34	17	17
"	Daybreak	2	2	3	5½	"	22	22	11	11
"	Brand	5	4	2	10	"	40	40	20	20
"	Jack Mills	3	4	-	7	"	28	28	14	14
"	Jack Fish	1	3	1	4½	"	18	18	9	9
"	Ah qua chee	1	1	2	3	"	12	12	6	6
"	Daylight	2	4	2	7	"	28	28	14	14
"	Charles Drowning	2	2	2	5	"	20	20	10	10
"	Hominy	2	3	1	5½	"	22	22	11	11
"	Eli Smith	2	2	2	5	"	20	20	10	10
"	Man Killer	3	2	-	5	"	20	20	10	10
"	Crow	1	1	1	2½	"	10	10	5	5
"	Bumpy	1	-	-	1	"	4	4	2	2
"	Draggon	1	-	-	1	"	4	4	2	2
		485	504	270	1124		4496	4496	2224	2252

(21

Roll continued

1838 June	Names of heads of families	No. of Men	" Women	" Children	" Rations entitled to	" Days	" Rations Total	Rat. Bacon	" Corn	" Corn Meal	Flower
23	Brot forwd.	485	506	270	1124	4	4696	4696	2224	2272	
	Black jack	1	4	1	5½	"	22	22	11	11	
	Nelly	1	5	1	6½	"	26	26	13	13	
	Rickards Well	1	1	=	2		8	8	4	4	
	Caty	=	4	1	4½		18	18	9	9	
	Ball Head	1	-	.	1		4	4	2	2	
	Fish Thum off	3	4	1	7½		30	30	15	15	
	Hiding	-	2	2	3		12	12	6	6	
	Mixed water	4	5	3	10½	"	42	42	21	21	
	Archy	2	2	1	4½		18	18	9	9	
	Smoke Smith	1	-	-	1	-	4	4	=	=	4
	Clagg	1			1		4	4	-	4	
	General Jackson	1	=	=	1		4	4	=	4	
		501	531	280	1172		4688	4688	2314	2370	4
	Return No. 21										
25	Fugg	4	3	1	7½	2	15	15	7½	7½	
"	David	2	3	2	6	"	12	12	6	6	
"	Bear Paw	5	5	3	11½	"	23	23	11½	11½	
"	Ben	2	3	1	5½	"	11	11	5½	5½	
"	Tassell	3	3	-	6	"	12	12	6	6	
"	Polly	2	2	4	6	"	12	12	6	6	
"	Hooped Blanket	7	3	-	10	"	20	20	10	10	
"	John Steel	2	1	2	4	"	8	8	4	4	
"	Mixed	2	1	4	5	"	10	10	5	5	
"	Hier	2	4	1	6½	"	13	13	6½	6½	
"	Dog	1	2	4	5	"	10	10	5	5	
"	Phelan	6	2	2	9	"	18	18	9	9	
"	Sleeping man	6	6	1	12½	"	25	25	12½	12½	
"	Hook	4	4	2	9	"	18	18	9	9	
"	Hop	4	2	-	6	"	12	12	6	6	
	Carried over	52	44	27	109½		219	219	109½	109½	

22)

Roll continued

Date 1838 June	Names of heads of families	No. of Men	" Women	" Children	" Rations entitled to	" Days	" Rations Total	Rat Bacon	" Corn	" Corn meal
25	Brot over	52	44	27	109½	2	219	219	109½	109½
"	Ned	1	1	3	3½	"	7	7	3½	3½
	Rosanne	3	2	1	5½		11	11	5½	5½
"	John	3	4	4	7½	"	15	15	7½	7½
"	Sixkiller	2	2	1	4½	"	9	9	4½	4½
	Moses Downing	7	13	7	23½		47	47	23½	23½
	Return No. 22	68	66	40	154		308	308	154	154

(23

Roll Continued

1838 June	Names of heads of families	No. of Men	Women	Children	Rations entitled to	Days	Rations Total	Rat. Bacon	Beef	Corn	Corn meal	Salt
27	Tah kege	1	2	1	3 1/2	3	10 1/2	5 1/4	5 1/4	5 1/4	5 1/4	5 1/4
"	Nancy	-	2	-	2	"	6	3	3	3	3	3
"	John Soo i killer	2	1	2	4	"	12	6	6	6	6	6
"	Coon	5	6	2	12		36	18	18	18	18	18
"	Elowee	5	5	.	10	"	30	15	15	15	15	15
"	C. Butler	4	2	1	6 1/2	"	19 1/2	9 3/4	9 3/4	9 3/4	9 3/4	9 3/4
"	Diver	2	1	3	4 1/2	"	13 1/2	6 3/4	6 3/4	6 3/4	6 3/4	6 3/4
"	Swimmer	5	2	3	8 1/2	"	25 1/2	12 3/4	12 3/4	12 3/4	12 3/4	12 3/4
"	Walter	1	3	-	4	"	12	6	6	6	6	6
"	Sleeping man	6	6	1	12 1/2	"	37 1/2	18 3/4	18 3/4	18 3/4	18 3/4	18 3/4
"	Peggy	1	2	2	4	"	12	6	6	6	6	6
"	My you cah	2	2	-	4	"	12	6	6	6	6	6
"	Coo la tah	2	2	3	5 1/2		16 1/2	8 1/4	8 1/4	8 1/4	8 1/4	8 1/4
"	Seeetah Owl	3	3	-	6	"	18	9	9	9	9	9
"	Oo nes scoo coo	2	5	1	7 1/2	"	22 1/2	11 1/4	11 1/4	11 1/4	11 1/4	11 1/4
"	Robin	4	3	-	7		21	10 1/2	10 1/2	10 1/2	10 1/2	10 1/2
"	Mixed Water	4	5	3	10 1/2	"	31 1/2	15 3/4	15 3/4	15 3/4	15 3/4	15 3/4
"	David Downing	9	9	1	18 1/2	"	55 1/2	27 3/4	27 3/4	27 3/4	27 3/4	27 3/4
"	Pheasant	2	4	1	6 1/2	"	19 1/2	9 3/4	9 3/4	9 3/4	9 3/4	9 3/4
"	Pidgeon	1	4	3	6 1/2	"	19 1/2	9 3/4	9 3/4	9 3/4	9 3/4	9 3/4
"	Frying Bear	3	2	1	5 1/2	"	16 1/2	8 1/4	8 1/4	8 1/4	8 1/4	8 1/4
"	Smoke	1	-	-	1	"	3	1 1/2	1 1/2	1 1/2	1 1/2	1 1/2
"	Moses Downing	7	13	7	23 1/2	"	70 1/2	35 1/4	35 1/4	35 1/4	35 1/4	35 1/4
"	Roasting Fox	5	3	-	8	"	24	12	12	12	12	12
	~~Tee coo~~	~~7~~	~~8~~	~~8~~	~~17~~		~~51~~	~~25 1/2~~	~~25 1/2~~	~~25 1/2~~	~~25 1/2~~	~~25 1/2~~
"	Flies	2	4	1	6 1/2	"	19 1/2	9 3/4	9 3/4	9 3/4	9 3/4	9 3/4
"	John Steel	2	1	2	4	"	12	6	6	6	6	6
"	All day	1	1	2	3	"	9	4 1/2	4 1/2	4 1/2	4 1/2	4 1/2
		82	93	40	195		585	292 1/2	292 1/2	292 1/2	292 1/2	292 1/2

24)

Mail continued ...

1838 June	Names of heads of families	No. of Men	" Women	" Children	" Rations entitled	" Days	" Rations Total	Rat. Bacon	" Beef	" Corn	" Corn Meal	" Salt
27	Brot over	82	93	40	195	3	585	292½	292½	292½	292½	292½
"	Stealer	3	5	4	10	″	30	15	15	15	15	15
"	Tom Kale niger	3	1	2	5	″	15	7½	7½	7½	7½	7½
"	Gal Catcher	2	4	+	6	″	18	9	9	9	9	9
"	McIntosh	1	4	1	5½	″	16½	8¼	8¼	8¼	8¼	8¼
"	Beaver Toter	2	2	4	~~8~~ 6	″	~~24~~ 18	~~12~~ 9	~~12~~ 9	~~12~~ 9	~~12~~ 9	~~12~~ 9
"	Natsuegah	7	4	1	11½	″	34½	17¼	17¼	17¼	17¼	17¼
"	Crittenden	3	-	5	5½	″	16½	8¼	8¼	8¼	8¼	8¼
"	Tassel		3	3	4½	″	13½	6¾	6¾	6¾	6¾	6¾
"	Fire killer	5	5	3	11½	″	34½	17¼	17¼	17¼	17¼	17¼
"	Tah lis kee	4	3	2	8	″	24	12	12	12	12	12
"	Finished	2	3	-	5	″	15	7½	7½	7½	7½	7½
"	Genl. Jackson	1		-	1	″	3	1½	1½	1½	1½	1½
"	Stop	4	2	-	6	″	18	9	9	9	9	9
"	See a kee	4	1	3	10½	″	31½	15¾	15¾	15¾	15¾	15¾
"	Che now ee	4	2	2	7	″	21	10½	10½	10½	10½	10½
"	Dry	1	2	4	5	″	15	7½	7½	7½	7½	7½
	Tee is tees kee	2	3	2	6	″	18	9	9	9	9	9
	Frap maker	6	2	1	8½	″	25½	12¾	12¾	12¾	12¾	12¾
	Ule lookah	3	4	1	7½	″	22½	11¼	11¼	11¼	11¼	11¼
	Akee Foster	2	2	4	6	″	18	9	9	9	9	9
	Ned	1	1	3	3½	″	10½	5¼	5¼	5¼	5¼	5¼
	John Smith	1	2	2	4	″	12	6	6	6	6	6
	Chee a loo kee	1	4	3	6½	″	19½	9¾	9¾	9⅜	9¾	9¾
	Kee nah	5	7	-	12	″	36	18	18	18	18	18
	Nancy	2	2	3	5½	″	16½	8¼	8¼	8¼	8¼	8¼
	Kul a ste ta	4	6	2	11	″	33	16½	16½	16½	16½	16½
	David	2	3	2	6	″	18	9	9	9	9	9
		157	174	97	379½		1138½	564¼	564¼	564¼	564¼	564¼

(25

Roll Continued

1838 June	Names of heads of families	No. of Men	" " Women	" " Children	" " Rations entitled to	" " Days	" " Rations total	Rations Bacon	" Beef	" Corn	" Corn Meal	" Salt
29	Brot forwd.	157	174	97	379 1/2	3	1138 1/2	564 1/4	564 1/4	564 1/4	564 1/4	564 1/4
							10 1/2	5 1/4	5 1/4	5 1/4	5 1/4	5 1/4
	Singer	1	1	3	3 1/2	"	~~10 1/2~~	~~5 1/4~~	~~5 1/4~~	~~5 1/4~~	~~5 1/4~~	~~5 1/4~~
"	Ratting Goard	2	3	1	5 1/2	"	16 1/2	8 1/4	8 1/4	8 1/4	8 1/4	8 1/4
"	Emigrant	1	1	2	3	"	9	4 1/2	4 1/2	4 1/2	4 1/2	4 1/2
"	John	1	1	3	3 1/2	"	10 1/2	5 1/4	5 1/4	5 1/4	5 1/4	5 1/4
"	Stand	2	5	3	8 1/2	"	25 1/2	12 3/4	12 1/2	12 1/2	12 1/2	12 1/2
"	Tee seh	5	4	2	10	"	30	15	15	15	15	15
"	Striped Blanket	7	3	-	10		30	15	15	15	15	15
"	Lying Rock	3	1	-	4	"	12	6	6	6	6	6
"	George	3	7	5	12 1/2	"	37 1/2	18 3/4	18 3/4	18 3/4	18 3/4	18 3/4
"	Bear Paw	5	5	3	11 1/2	"	34 1/2	17 1/4	17 1/4	17 1/4	17 1/4	17 1/4
"	Tee no las kee	7	7	5	16 1/2	"	49 1/2	24 3/4	24 3/4	24 3/4	24 3/4	24 3/4
"	Nelson	3	6	.	9	"	27	13 1/2	13 1/2	13 1/2	13 1/2	13 1/2
"	A keets ah	1	1	2	4	"	12	6	6	6	6	6
"	Tar ka ka keo	5	2	2	8	"	24	12	12	12	12	12
"	Mushroom	4	2	2	7	"	21	11 1/2	11 1/2	11 1/2	11 1/2	11 1/2
"	Black Fox	2	5	-	7	"	21	10 1/2	10 1/2	10 1/2	10 1/2	10 1/2
"	John	3	4	1	7 1/2	"	22 1/2	11 1/4	11 1/4	11 1/4	11 1/4	11 1/4
"	Walking Wolf	2	2		4	"	12	6	6	6	6	6
"	Scuna te	6	3	1	9 1/2	"	28 1/2	14 1/4	14 1/4	14 1/4	14 1/4	14 1/4
"	Soap	3	6	3	10 1/2	"	31 1/2	15 1/2	15 1/2	15 1/2	15 1/2	15 1/2
"	Charles Downing	2	2	2	5	"	15	7 1/2	7 1/2	7 1/2	7 1/2	7 1/2
"	Sawkinne		3	2	4	"	12	6	6	6	6	6
	~~Cah tah fis i co~~	~~3~~	~~5~~	~~1~~	~~6 1/2~~		~~19 1/2~~	~~9 3/4~~	~~9 3/4~~	~~9 3/4~~	~~9 3/4~~	~~9 3/4~~
	Pheasant	2	1	—	3	"	9	4 1/2	4 1/2	4 1/2	4 1/2	4 1/2
"	Hungry	3	3	3	7 1/2		22 1/2	11 1/4	11 1/4	11 1/4	11 1/4	11 1/4
"	Cooper	4	3	.	7	"	21	10 1/2	10 1/2	10 1/2	10 1/2	10 1/2
"	Cracker	3	2	1	5 1/2	"	16 1/2	8 1/4	8 1/4	8 1/4	8 1/4	8 1/4
		237	258	143	566 1/2		1699 1/2	849 3/4	849 3/4	849 3/4	849 3/4	849 3/4

26)

[illegible] continued

1838 June	Names of heads of families	No. of Men	Women	Children	Rations entitled to	Days	Rations total	Bacon	Beef	Corn	Corn meal	Salt
27	Brot over	237	258	143	566 1/2	3	1699 1/2	849 3/4	849 3/4	849 3/4	849 3/4	849 3/4
"	Pheasant	2	4	1	6 1/2	"	19 1/2	9 3/4	9 3/4	9 3/4	9 3/4	9 3/4
	Nancy	1	2	-	3	"	9	4 1/2	4 1/2	4 1/2	4 1/2	4 1/2
	Hiding		2	2	3	"	9	4 1/2	4 1/2	4 1/2	4 1/2	4 1/2
	Blee	1	2		3	"	9	4 1/2	4 1/2	4 1/2	4 1/2	4 1/2
	John	2	1	2	4	"	12	6	6	6	6	6
	Basket & Deer in water	5	4	2	10	"	30	15	15	15	15	15
	Shade	3	2	1	5 1/2		16 1/2	8 1/4	8 1/4	8 1/4	8 1/4	8 1/4
	Stephin	1	1	2	3	"	9	4 1/2	4 1/2	4 1/2	4 1/2	4 1/2
	John Rogers	5	2	1	7 1/2	"	22 1/2	11 1/4	11 1/4	11 1/4	11 1/4	11 1/4
	Chu nu las kee	4	6	4	12	"	36	18	18	18	18	18
	W Downing	3	2		5	"	15	7 1/2	7 1/2	7 1/2	7 1/2	7 1/2
	Sallet		4	1	4 1/2	"	13 1/2	6 3/4	6 3/4	6 3/4	6 3/4	6 3/4
	Polly	2	2	4	6	"	18 ~~24~~	9 ~~12~~	9 ~~12~~	9 ~~12~~	9 ~~12~~	9 ~~12~~
	Ah quee chee	1	1	2	3	"	9	4 1/2	4 1/2	4 1/2	4 1/2	4 1/2
	Drowning Bear	1	3	1	4 1/2	"	14	7	7	7	7	7
	Hawk	4	4	2	9	"	27	13 1/2	13 1/2	13 1/2	13 1/2	13 1/2
	Kiha mak	3	4	5	9 1/2 ~~[illegible]~~		28 1/2 ~~[illegible]~~	28 1/2 ~~17 1/4~~	28 1/2 ~~17 1/4~~	28 1/2 ~~17 1/4~~	28 1/2 ~~17 1/4~~	28 1/2 ~~17 1/4~~
	Sixkiller	2	2	1	4 1/2	"	13 1/2	6 3/4	6 3/4	6 1/4	6 3/4	6 3/4
	Richard Guess	2	1	3	4 1/2		13 1/2	6 3/4	6 1/2	6 1/2	6 3/4	6 3/4
	Watt Lee	2	4	4	8		24	12	12	12	12	12
	John Mills	3	4	-	7		21	10 1/2	10 1/2	10 1/2	10 1/2	10 1/2
	Jno Allcorn	5	4	1	9 1/2		28 1/2	14 1/4	14 1/4	14 1/4	14 1/4	14 1/4
	Swim Rier	5	2	3	8 1/2		25 1/2	12 1/4	12 3/4	12 3/4	12 3/4	12 3/4
	Corn silk	4	2	2	7	"	21	10 1/2	10 1/2	10 1/2	10 1/2	10 1/2
	Mixt	2	1	4	5	"	15	7 1/2	7 1/2	7 1/2	7 1/2	7 1/2
	Crawlish	2	5	3	8 1/2	"	25 1/2	12 3/4	12 3/4	12 3/4	12 3/4	12 3/4
	Dragger	4	7	1	11 1/2	"	34 1/2	17 1/4	17 1/4	17 1/4	17 1/4	17 1/4
		316	336	195	739 1/2		2218 1/2	1109 1/4	1109 1/4	1109 1/4	1109 1/4	1109 1/4

(27)

Roll continued

1838 June	Names of heads of families	No. of men	" Women	Children	" Rations entitled to	" Days	" Rations total	Rat. Bacon	" Beef	" Corn	" Corn meal	" Salt
27	Brot forwd.	306	336	195	739½	3	2218½	1109¼	1109¼	1109¼	1109¼	1189¼
"	Charley	1	1	-	2	"	6	3	3	3	3	3
"	Ar loo chee	2	1	2	4	"	12	6	6	6	6	6
"	Oon an see ah	2	3	2	6	"	18	9	9	9	9	9
"	William	6	2		8	"	24	12	12	12	12	12
"	Wah ne ka	2	1	2	4	"	12	6	6	6	6	6
	Lucy	3	1		4	"	12	6	6	6	6	6
"	Fox Skin	1	3	1	4½	"	13½	6¾	6¾	6¾	6¾	6¾
	Oo Sun ee	3	2	1	5½	"	16½	8¼	8¼	8¼	8¼	8¼
	John	1	3	2	5	"	15	7½	7½	7½	7½	7½
	Swan	4	2	1	6½	"	19½	9¾	9¾	9¾	9¾	9¾
	Too ni	3	3	4	8	"	24	12	12	12	12	12
	Brand	5	4	2	10	"	30	15	15	15	15	15
	Oo te hi tah	3	1	3	5½	"	16½	8¼	8¼	8¼	8¼	8¼
"	Leach	1	1	-	2	"	6	6	6	6	6	6
	Jug	4	3	1	7½	"	22½	11¼	11¼	11¼	11½	11½
	Bow	8	4	-	12	"	36	18	18	18	18	18
	Fish	3	3		6	"	18	9	9	9	9	9
	Ben	2	3	1	5½	"	16½	8¼	8¼	8¼	8¼	8¼
	Black Fox	1	4	1	5½	"	16½	8¼	8¼	8¼	8¼	8¼
	Scraper	7	5	1	12½	"	37½	18¾	18¾	18¾	18¾	18¾
	Cow	1	1	1	2½	"	7½	3¾	3¾	3¾	3¾	3¾
	Chow e u kah	1	2	-	3	"	9	4½	4½	4½	4½	4½
	Wm Arnold	10	5	-	15	"	45	22½	22½	22½	22½	22½
	Rabbit	2	2	3	5½	"	16½	8¼	8¼	8¼	8¼	8¼
	Tal o fa go	1			1	"	3	1½	1½	1½	1½	1½
	Nelly	1	5	1	6½	"	19½	9¾	9¾	9¾	9¾	9¾
	Wah lah too kah	6	4	-	10		30	15	15	15	15	15
		390	405	224	907		2721	1360½	1360½	1360½	1360½	1360½

(28)

Roll continued

1838 June	Names of heads of families	No. of Males	" Women	" Children	" Rations entitled to	" Days	" Rations total	Ration Bacon	" Beef	" Corn	" Corn meal	" Salt
27	Brot over	390	405	224	907½	3	2721	1360½	1360½	1360½	1360½	1360½
	Mouse	3	4	2	8	"	24	12	12	12	12	12
"	Push them off	3	4	1	7½	"	22½	11¼	11¼	11¼	11¼	11¼
"	Scrape shell	5	3	1	8½	"	25½	12¾	12¾	12¾	12¾	12¾
"	Toon.e	-	1		1		3	1½	1½	1½	1½	1½
"	Betsy	-	1	-	1	"	3	1½	1½	1½	1½	1½
"	Archy	2	2	1	4½	"	13½ ~~14~~	6¾ ~~7~~	6¾ ~~7~~	6¾ ~~7~~	6¾ ~~7~~	6¾ ~~7~~
	Oo lo oh se	5	3		8	"	44	12	12	12	12	12
	S. Grasshopper	4	3	1	7½	"	22	11¼	11¼	11¼	11¼	11¼
"	Middle day	4	4		8	"	24	12	12	12	12	12
	Old Buck	2	2	1	4½	"	13½ ~~14~~	6¾ ~~7~~	6¾ ~~7~~	6¾ ~~7~~	6¾ ~~7~~	6¾ ~~7~~
	Richd Webb	1	1	-	2	"	6	3	3	3	3	3
	Day break	2	2	3	5½	"	16½	8¼	8¼	8¼	8¼	8¼
	Daylight	2	4	2	7	"	21	10½	10½	10½	10½	10½
	Head thrower	2	2	1	4½	"	13½	6¾	6¾	6¾	6¾	6¾
	Nat	5	3	2	9	"	27	13½	13½	13½	13½	13½
	Possum	2	2	1	4½	"	13½	6¾	6¾	6¾	6¾	6¾
	Billy	2	-	-	2	"	6	3	3	3	3	3
	Eli Smith	2	2	2	5	"	15	7½	7½	7½	7½	7½
	J. Pelone	3	3	3	7½		22½	11¼	11¼	11¼	11¼	11¼
	Burnt	3	1	2	5		15	7½	7½	7½	7½	7½
	Hominy	2	3	1	5½		16½	8¼	8¼	8¼	8¼	8¼
	Chowe u ka	2	4	2	7	"	21	10½	10½	10½	10½	10½
	Butterfly & Lucy	2	2	1	4½	"	13½	6¾	6¾	6¾	6¾	6¾
	Blind Savannah	4	3	2	8	"	24	12	12	12	12	12
	Alesy	-	2	4	4	"	12	6	6	6	6	6
	Charles	1	1	1	2½	"	7½	3¾	3¾	3¾	3¾	3¾
	Wipers	5	1	-	6	"	18	9	9	9	9	9
		458	468	258	1055		3165	1582½	1582½	1582½	1582½	1582½

(29

Roll continued

1838 June	Names of heads of families	No. of Men	Women	Children	Rations entitled to	Days	Rations total	Rec'd Bacon	Beef	Corn	Corn meal	Salt
27	Brotsford	458	448	258	1055	3	3165	1582½	1582½	1582½	1582½	1582½
"	Coo los tar	1	1	1	2½	"	7½	3¾	3¾	3¾	3¾	3¾
	White Tobacco	4	3	3	8½	"	25½	16½	9	12½	12½	9
	Turnip	2	1	—	3	"	9	9		4½	4½	
	Sideways	3	5	3	9½	"	28½	28½		14¼	14¼	
	Barrow	9	5	1	14½	"	43½	43½		21¾	21¾	
	Indian Philip	1	1	1	2½	"	7½	7½		3¾	3¾	
	Little Archy	3	3	2	7	"	21	21		10½	10½	
	Frog	5	7	2	13	"	39	39		19½	19½	
	Holy	2	1	—	3	"	9	9		4½	4½	
	Cheener	1	2	1	3½	"	10½	10½		5¼	5¼	
	Jack Fish	1	3	1	4½	"	13½	13½		6¾	6¾	
	Corn Tassell	4	2	2	7	"	21	21		10½	10½	
	Too mc carr	2	2	2	5	"	15	15		7½	7½	
	Dirt Seller	3	2	4	7	"	21	21		10½	10½	
	Archi	2	—	2	3	"	9	9		4½	4½	
	Man Killer	3	2	—	5	"	15	15		7½	7½	
	George	1	—	—	1	"	3	3			3	
	Caty	—	4	1	4½	"	13½	13½		6¾	6¾	
	Bygone	2	3	—	5	"	15	15		7½	7½	
	Red Bird	2	5	2	8	"	24	24		12	12	
	Bunnup	1	1	[illegible]	2	"	6	[illegible]		3	3	
	John	4	4	1	8½	"	25½	25½		12¾	12¾	
	Coo a coo e	3	4	1	7½	"	22½	22½		11¼	11¼	
	Thief	1	1	—	2	"	6	6		3	3	
	A. Cameron	1	1	1	2½	"	7½	7½		3¾	3¾	
	Corn Tassell	2	1	1	3½	"	10½	10½		5¼	5¼	
	Cabbage	3	2	1	5½	"	16½	16½		8¼	8¼	
		[illegible]	[illegible]	[illegible]	[illegible]		[illegible]	2025	1595	1803¾	1806¾	1595

(20)

Roll continued

1838 June	Names	No. of Men	Women	Children	Rations entitled to	Dogs	Rations Total	Rat Bacon	Beef	Corn	Corn Meal	Salt
27	Brot over	524	534	291	1203½	3	3610½	2025	1595	1803¾	1806¾	1595
	Tracker	2	3	2	6	-	18	18	--	9	9	
	Nancy	2	2	0	4	"	12	12		6	6	
	Frying Bear	3	2	1	5½	"	16½	16½	-	8¼	8¼	
	Bird	6	4	2	11	"	33	33		16½	16½	
	Chun coo lah	2	3	2	6	.	18	18		9	9	
	Senecooyah	5	2	3	8½	.	25½	25½		12¾	12¾	
	Cheanutt	2	1	-	3	.	9	9		4½	4½	
	Pheasant	2	4	1	6½	.	19½	19½		9¾	9¾	
	McIntosh	1	4	1	5½	.	16½	16½		8¼	8¼	
	Oo nes coo coo	2	5	1	7½	.	22½	22½		11¼	11¼	
	Bald head	1	-	-	1	.	3	3		1½	1½	
	Polly Hawk		1	-	1	.	3	3		1½	1½	
	Return No. 23	552	565	304	1269		3807	2221½	1595	1902	1905	1595
28	David Downing	9	9	1	18½	2	37	37	--	18½	18½	
	Nettle	4	8	4	14	"	28	28		14	14	
	Cold Weather	6	4	4	12	"	24	24		12	12	
	Red bird	4	3	3	8½	.	17	17		8½	8½	
	Cold weather	4	3	-	7	.	14	14		7	7	
	Return No. 24	27	27	12	60		120	120		60	60	
29	Tu na la	3	3	3	7½	1	7½	7½			7½	
"	Kah leh i	5	6	2	12	.	12	12			12	
"	Walker	1	1	-	2	.	2	2			2	
	Return No. ~~23~~ 25	9	10	5	21½		21½	21½			21½	

(32)

Roll continued

1838 June	Names of heads of families	No. of Men	Women	Children	Rations entitled to	Days	Rations Total	Rat Bacon	Beef	Corn	Corn Meal	Flour	Salt
30	Tah ci kee	4	3	2	8	4	32	32	—	-	24	8	
"	Barrow	9	5	1	14½	"	58	29	29		43½	14½	29
"	Richd Webb	1	1	-	2	"	8	4	4	-	6	2	4
"	San a tee	6	3	1	9½	"	38	19	19		28½	9½	9½
"	John Mills	3	4	-	7	"	28	14	14	-	21	7	14
"	Archy Skit, Aleck	3	3	2	7	"	28	14	14		21	7	14
	Oo nus coo coo	2	5	1	7½	"	30	15	15	-	22½	7½	15
"	S. Grasshopper	4	3	1	7½	"	30	15	15	-	22½	7½	15
	J. Pelone	3	3	3	7½	"	30	15	15		22½	7½	15
"	Tue coo	3	8	8	15	"	60	30	30	-	45	15	30
"	Lying Rock	3	1	-	4	"	16	8	8	-	12	~~4~~	8
"	Trap maker	6	2	1	8½	"	34	17	17	-	25½	8½	17
"	Lesaell	-	3	3	4½	"	18	9	9	-	13½	4½	9
"	Che a lookee	1	4	3	6½	"	26	24	2	-	19½	6½	2
"	Elowee	5	5	-	10	"	40	40	-	—	30	10	—
"	W Downing	3	2	-	5	"	20	20	-		15	5	—
"	Sallet	-	4	1	4½	"	18	18	-		13½	4½	
"	Fox skin	-	3	2	4	"	16	16			12	4	
"	William	6	2	-	8	"	32	32	-		24	8	
"	John Steel	2	1	2	4	"	16	16			12	[struck out]	
"	All day	1	1	2	3	"	12	12			9	3	
"	Sin e coo yah	5	2	3	8½	"	34	34			34	8½	
"	McIntosh	1	4	1	5½	"	22	22			16½	5½	
"	Chun coo tah	2	3	2	6	"	24	24			18	6	
"	Acky Foster	2	2	4	6	"	24	24			18	6	
"	Finished	2	3	-	5	"	20	20			15	5	
"	Flies	2	4	1	6½	"	26	26			19½	6½	
"	Polly	2	2	4	6	"	24	24			18	6	
	Ah quee chee	1	1	2	3	"	12	12			9	3	

(32)

Roll continued

1838 June	Names of heads of families	No. of Men	" Women	" Children	" Rations entitled to	" " Days	" " Rations Total	Rat. Bacon	" Beef	" Corn	" Cornmeal	" Flour	" Salt	1838
30	Brot over	82	87	50	194	4	776	585	191		517	259	181	30
"	Moses Downing	7	13	17	28½	"	114	114	-	-	85½	28½		
"	Sleeping man	6	6	1	12½	"	50	50	-		37½	12½		
"	Crittendon	3	5	-	8	"	32	32			24	8		
"	Charles	1	1	-	2	"	8	8			6	2		
"	Stop	4	2	-	6	"	24	24			18	6		
"	Cabbage	3	2	1	5½	"	22	22			16½	5½		
"	Day	1	2	4	5	"	20	20	-		15	5		
"	Diver	2	1	3	4½	"	18	18			13½	4½		
"	Polly	-	1	-	1	"	4	4			—	4		
"	Ohe lum	6	2	2	9	"	36	36			27	9		
"	Cold Weather	6	4	4	12	"	48	48			48	[illegible]		
"	Nettle	4	8	4	14	"	56	56			42	14		
"	Corn silk	4	2	2	7	"	28	28			21	7		
"	Jno	2	1	2	4	"	16	16			12	4		
"	Too nek	-	1	-	1	"	4	4				4		
"	Frying bear	3	2	1	5½	"	22	22		-	16½	5½		
"	Coo is coo ah	4	3	1	7½	"	30	32			22½	7½		
"	Coon	5	6	2	12	"	48	48			36	12		
"	Hawk	4	4	2	9	"	36	36			27	9		
"	Wy you kah	2	2	-	4	"	16	16			12	4		
"	Swimmer	5	2	3	8½	"	34	34			25½	8½		
"	Mixt water	4	5	3	10½	"	42	42			31½	10½		
"	Walla	-	2	5	4½	"	18	18			13½	4½		
"	Fire Killer	5	5	3	11½	"	46	46			35½	11½		
"	Chunu lus ker	4	6	4	12	"	48	48			36	12		
"	Pigeon	1	4	3	6½	"	26	26			19½	6½		
"	Bird	6	4	2	11	"	44	44			33	11		
"	Day break	2	2	3	5½	"	22	22			16½	5½		

(33)

Roll continued

1838 June	Names of heads of families	M. Fellows	Women	Children	Rations to entitled	Days	Rations Total	Rat Bacon	Beef	Corn	Corn Meal	Flour	Salt
30	Brot forwd	176	185	122	422	4	1688	1497	191		1272	416	181
	Te sah	5	4	2	10	-	40	40			30	10	
	Susan	-	4	-	4	"	16	16			12	4	
	Day light	2	4	2	7	...	28	28			21	7	
	Corn Tassel	2	1	1	3½	"	14	14			10½	3½	
	Fish	3	3	-	6	"	24	24			18	6	
	Jno Allcorn	5	4	1	9½	"	38	38			28½	9½	
	Mouse	3	4	2	8	-	32	32			24	8	
	Pheasant	2	4	1	6½	-	26	26			19½	6½	
	Blind Savanna	4	3	2	8	-	32	32			24	8	
	Nancy	-	2	2	3	"	12	12			9	3	
	Terka ha ga	5	2	2	8	-	32	32			24	8	
	Stealer	3	5	4	10	-	40	40			30	10	
	Nelson	3	6	-	9	-	36	36			27	9	
	David	2	3	2	6	-	24	24			18	6	
	John Rodgers	5	3	1	8½	-	34	34			25½	8½	
	Singer	1	1	3	3½	-	14	14			10½	3½	
	Bear Paw	5	5	3	11½	"	46	46			34½	11½	
	Robin	2	2	2	4	"	16	16			12	4	
	Sizzy	1	3	5	6½	"	26	26			19½	6½	
	Ned	1	1	3	3½	-	14	14			10½	3½	
	Black Jack	1	4	1	5½	-	22	22			16½	5	
	Billy	[illegible]											
	Dirt Seller	3	2	4	7	-	28	28			21	7	
	Weper	5	1	-	6	-	24	24			18	6	
	Chew ee	1	2	1	3½	-	14	14			10½	3½	
	Ben	2	3	1	5½	-	22	22			16½	5½	
	Six killer	2	2	1	4½	-	18	18			13½	4½	
	Carried over	24[illegible]	263	166	590		2360	2269	191		1764	596	181

****

(34)

Roll continued June 1838.

1838 June	Names of heads of families	No. of Men	" Women	" Children	" Rations entitled to	" Days	" Rations Issued	Salt Bacon	" Beef	" Corn	" Corn Meal	" Flour	" Salt
30	Brot over	244	263	166	590	4	2360	2269	191		1764	596	181
"	Side ways	3	5	3	9½		38	38			28½	9½	
"	Pheasant	2	4	1	6½		26	26			19½	6½	
	Ne coo kah	3	4	1	7½		30	30			22½	7½	
	Tracker	2	3	2	6		24	24			18	6	
"	Caty	—	4	1	4½		18	18			13½	4½	
"	Striped Blanket	7	3	0	10		40	40			30	10	
"	Stephen	1	2	0	3		12	12			9	3	
"	Rabbit	2	2	1	4½		18	18			13½	4½	
"	Pheasant	2	1	-	3		12	12			9	3	
"	Tah ka gee	1	2	1	3½		14	14			10½	3½	
	Walking Wolf	2	2	-	4		16	16			12	4	
	Thief	1	1	-	2		8	8			8	[illegible]	
	Cooper	4	3	-	7		28	28			21	7	
	Muskroon	4	2	2	7		28	28			21	7	
	Leech	1	1	-	2		8	8			6	2	
	Tassel Campbell	4	2	2	7		28	28			21	7	
	C. Butler	4	3	1	7½		30	30			22½	7½	
	Nelly	1	5	1	6½		26	26			19½	6½	
	Jackfish	1	3	1	4½		18	18			18 [illegible]	[illegible]	
	Nat	5	3	2	9		36	36			27	9	
	Middle day	4	4	-	8		32	32			24	8	
	Soap	3	6	3	10½		42	42			31½	10½	
	Cow	1	1	1	2½		10	10			7½	2½	
	Kee nah	5	7	-	12		48	48			36	12	
	Holy	2	1	-	3		12	12			9	3	
	Roasting Fox	5	3	..	8		32	32			32	[illegible]	
	Carried Over	334	340	189	748½		2994	2803	191		2254	740	181

(155

Roll continued June 1838

1838 June	Names of heads of families	No. of Men	Women	Children	Rations entitled to	Days	Rations total	Fat Bacon	Beef	Corn	Corn Meal	Flour	Salt
31	Brot forward	334	340	189	748½	4	2994	2803	191		2254	740	181
"	Beaver Toter	3	2	3	6½		26	26			19½	6½	
"	David Downing	9	9	1	18½	"	74	74			55½	18	
"	Indian Patch	1	1	1	2½	"	10	10			7½	2½	
"	Snipe	2	4	1	6½		26	26			19½	6½	
"	Dry	1	2	4	5		20	20			15	5	
"	Hungry	3	3	3	7½		30	30			22½	7½	
"	La a ker	4	5	3	10½	"	42	42			31½	10½	
	Mixt	2	1	4	5	"	20	20			15	5	
	Jugg	4	3	1	7½	"	30	30			22½	7½	
	Wah kah too kah	6	4	-	10	"	40	40			30	10	
	Charles	1	1	1	2½	"	10	10			7½	2½	
	John Smith	1	2	2	4		16	16			12	4	
	John	3	4	1	7½	"	30	30			22½	7½	
	Crow	8	4	-	12		48	48			36	12	
	Wah nus kee	2	1	2	4		16	16			12	4	
	Chow e a ka	2	4	2	7		28	28			21	7	
	Flies	2	4	1	6½	"	26	26			19½	6½	
	Burnt fence	3	1	2	5	"	20	20			15	5	
	Tes quin al lee	1	3	-	4	"	16	16			12	4	
	Redbird	4	3	3	8½	"	34	34			25½	8½	
	Scraper	7	5	1	12½	"	50	50			37½	12½	
	Screech Owl	3	3	-	6		24	24			18	6	
	Basket & Deerwater	5	4	2	10	"	40	40			30	10	
	Turner	2	1	-	3		12	12			9	3	
	Red bird	2	5	2	8	"	32	32			24	8	
	Cun an su ah	2	3	2	6		24	24			18	16	
	Car. over	[illegible]	[illegible]	[illegible]	[illegible]		3818	3627	191		2657	1141	181

****

361

Roll continued June 1838

1838 June	Names of heads of families	No. Males	" Women	" Children	" Rations entitled to	" Days	" Rations total	Rat Bacon	" Beef	" Corn	" Cornmeal	" Flour	" Salt
30	Brot over	417	422	231	954½	4	3818	3627	191		2677	1141	181
"	Tooni	1	1	5	4½	"	18	18	-		13½	4½	
"	Nancy		2	-	2	"	8	8			6	2	
	Frog	5	7	2	13	"	52	52			39	13	
	Opossum	2	2	1	4½	"	18	18			13½	4½	
	Charles Downing	2	2	2	5	"	20	20			15	5	
	Chicken	2	3	1	5½	"	22	22			16½	5½	
	Secret	2	4	2	7	"	28	28			21	7	
	Wm Arnold	10	5	-	15	"	60	60			45	15	
	Jim Towikiller	2	1	2	4	"	16	16			12	4	
	Shade	3	2	1	5½	"	22	22			16½	5½	
	Blue	1	2	-	3	"	12	12			9	3	
	Old Buck	2	2	1	4½	"	18	18			13½	4½	
	Chesnutt	2	1	-	3	"	12	12			9	3	
	Archy	2	2	1	4½	"	18	18			13½	4½	
	Ah ked sah	1	2	2	4	"	16	16			12	4	
	George	1	-	-	1	"	4	4			4	—	
	Ood we ta	2	5	-	7	"	28	28			21	7	
	Oo too che	2	1	2	4	"	16	16			12	4	
	Genl. Jackson	1	-	-	1	"	4	4			3	1	
	Lucy	3	1	-	4	"	16	16			16	~~4~~	
	Moses Cameron	1	1	-	2	"	8	8			6	2	
	Ki he nah	3	4	5	9½	"	38	38			28½	9½	
	Too ne	2	2	2	5	"	20	20			15	5	
	Too ne	3	3	4	8	"	32	32			24	8	
	Tom Kulanager	3	1	2	5	"	20	20			15	5	
	Richd. Guess	2	1	3	4½	"	18	18			18	—	
	Man Killer	3	2	-	5	"	20	20			20	~~5~~	
		480	481	[illegible]	[illegible]		[illegible]	[illegible]					

(5)

Roll continued June 1838

1838 June	Names of heads of families	No. of Men	Women	Children	Rations entitled to	Days	Rations Total Bacon	Rations Beef Bacon	Beef Corn	Corn Meal	Flour	Salt
30	Brot forwd	480	481	269	1095½	4	4382	4191	191	3115	1267	181
	By gone	2	5	—	7	"	28	28	..	21	7	
	Watt Lee	2	4	2	8	"	32	32		24	8	
	Head Thrower	2	4	1	6½	"	26	26		19½	6½	
	John	1	1	3	3½	"	14	14		10½	3½	
	Oo ti he tah	3	1	3	5½	"	22	22		16½	5½	
	Emigrant	1	.	.	1	.	4	4		4		
	Butterfly	2	1	1	3½	"	14	14		10½	3½	
	Lucy	—	1	—	1	.	4	4		3	1	
	No fire	4	2	1	6½	"	26	26		19½	6½	
	Stand	2	5	3	8½	"	34	34		25½	8½	
	Smoker	1	-	.	1	"	4	4		2	2	
	Tobacco	4	3	3	8½	"	34	34		25½	8½	
	Tah nah esh	1	—	—	1	"	4	4		~~4~~	~~1~~	
	Six killer	1	3	1	4½	"	18	18		13½	4½	
	Gut catcher	2	4	—	6	-	24	24		18	6	
	Nancy	-	2	1	2½	"	10	10		7½	2½	
	Ailsy	-	2	4	4	"	16	16		12	4	
	Dragger	4	7	1	11½	"	46	46		34½	11½	
	Push them off	3	4	1	7½	"	30	30		22½	7½	
	Hominy	2	3	1	5½	"	22	22		16½	5½	
	Little Ap[illegible]	3	3	2	7	"	28	28		28		
	Eli Smith	2	2	2	5	"	20	20		20	—	
	Nanny	2	2	3	5½	"	22	22		16½	5½	
	Swan	4	2	1	6½	"	26	26		19½	6½	
	John	4	4	1	8½	"	54	34		25½	8½	
	Jinny McIntosh	—	1	-	1	"	4	4		2	2	
	John	1	3	2	5	"	20	20		10	10	
	Carried over	533	550	308	1233		4918	[illegible]	[illegible]	[illegible]		

(38)

Roll continued June 1838

1838 June	Names of heads of families	# of Men	" Women	" " Children	" " Rations entitled to	" Days	" " Rations total	Rat Bacon	" Beef	" Corn	" Corn meal	" Flour	" Salt
	Return No 26	533	550	308	1237	4	4948	4757	191		3546½	1401½	181
30	Sally Lowry	4	3	5	9½	8	76	57	19		57	19	19
	Anny Lowry	1	1	–	2	..	16	12	4		16	—	4
	Pigeon	1	2	3	4½	..	36	27	9		36	—	9
	Betsy Goard	1	4	1	5½	..	44	33	11		44		11
	Nancy Burns	2	3	3	6½	..	52	39	13		39	13	13
	Jack McPherson	4	8	5	14½	..	116	87	29		87	29	
	Dennis Wolf	2	3	3	6½	..	52	39	13		52	–	13
	David Perdoo	6	5	3	12½	..	100	100	–		75	25	–
	Noo chow kee	3	1	–	4	..	32	24	8		24	8	8
	Tom McLemore	4	2	5	8½	..	68	51	17		51	17	17
	Walker	3	2	2	6	..	48	36	12		36	12	12
	Nelson Orr	1	3	2	5	..	40	30	10		30	10	10
	Perch	1	1	1	2½	..	20	20			15	5	
	John Walker	1	4	4	7	..	56	56			56		
	Kulka los kee	2	2	2	5	..	40	40			30	10	
	Mrs Hicks	3	3	–	6	..	48	48			36	12	
	Archy Fields	4	7	3	12½	..	100	100			75	25	
	Captain Broom	3	3	–	6	..	48	48			36	12	
	Wallace Vann	4	3	4	9	..	72	72			54	18	
	Horace Broom	2	1	4	5	..	40	40			30	10	
	D Buffington	6	10	7	19½	..	156	156			117	39	
	Felem	4	1	3	6½	..	52	52			39	13	
	Martin Benge	1	1	–	2	.	16	16			16		
	Return No 27	63	73	60	166		1328	1183	145		1051	~~248~~ 277	116

Roll Continued

June 1838	Names of heads of families	No of Men	" Women	" Children	" Rations entitled to	" Days	" Rations Total	Salt Bacon	" Beef	" Corn	" Corn meal	" Flour	" Salt

INDEX - CHEROKEE RATION BOOK

****

****

****

INDEX - CHEROKEE RATION BOOK

****

****

****

****

****